校园贷知识读本

陶红亮 / 编著

应急管理出版社

·北京·

图书在版编目（CIP）数据

校园贷知识读本/陶红亮编著．－－北京：应急管
理出版社，2019（2021.9 重印）

ISBN 978 - 7 - 5020 - 7691 - 7

Ⅰ.①校⋯　Ⅱ.①陶⋯　Ⅲ.①贷学金—信贷—基本
知识　Ⅳ.①G467.8

中国版本图书馆 CIP 数据核字（2019）第 190322 号

校园贷知识读本

编　　著	陶红亮
责任编辑	王　坤　高红勤
封面设计	何洁薇

出版发行　应急管理出版社（北京市朝阳区芍药居 35 号　　100029）
电　　话　010 - 84657898（总编室）　010 - 84657880（读者服务部）
网　　址　www. cciph. com. cn
印　　刷　北京九天鸿程印刷有限责任公司
经　　销　全国新华书店

开　　本　710mm×1000mm$^1/_{16}$　印张　11　字数　135 千字
版　　次　2019 年 10 月第 1 版　2021 年 9 月第 3 次印刷
社内编号　20192444　　　　　　　定价　38.00 元

前言

自从 2016 年一位大学生因为贷款，最终无力偿还高额欠款选择跳楼自杀的悲剧发生之后，校园贷就在社会上引起了轩然大波，各界人士纷纷都将焦点放在了学生借贷的问题上。

在大学校园中，学生本该好好学习、认真读书，他们是一个家庭的希望，是祖国未来的栋梁之材，他们的人生刚刚起步。大学时光是一个人从学生时代走向职场的重要转折期。可就是在这么美好的时光里，不良校园贷的出现打破了他们宁静而美好的生活，不仅伤害了他们不够成熟的心灵，还威胁了他们的人身安全，甚至毁掉了他们的一生。"裸贷""高利贷""套路贷"等恶性事件频频被爆出，一个个充满朝气的学生被校园贷带来的恶果吞噬，他们的人生蒙上了一层阴影，甚至导致年轻的生命不幸凋零。校园贷给学生带来的不良影响是不容忽视的，是必须重视的。它不仅与大学生有着特殊的关系，还与如今迅速发展的互联网金融有着千丝万缕的联系。

校园贷发展至今已经有十年之久，但是却仍然面临着巨大的挑战。校园贷的乱象是人尽皆知的，一些不良商家和不法分子利用大学生缺乏社会经验而对其进行诈骗。比如"美容贷""高利贷""多头贷""培训贷""刷单贷""套路贷""裸条贷"等都是学生容易误入的陷阱。之所以很多已经成年的大学生会陷入校园贷的旋涡，除了大学生群体自身的问题外，也离不开不法分子利用校园贷平台预先设计好的陷阱和套路。学生们不管怎么躲，总能碰上一种他们设计好的陷阱，然后不知不觉地被牵着鼻子误入其中。因此校园贷的治理一直是我们关注的重中之重，国家相关部门应该共同治理，彼此之间进行明确分工，相互配合，将校园贷这个大市场规范管理，让恶性事件不再发生，还大学生们一片干净的土壤。

作为大学生的我们更应该准确地认识校园贷，了解校园贷的基本内容，熟悉校园贷的基本特点，才能帮助我们更好地辨别校园贷，从而防范校园贷的危害和风险。

目录

第一章
校园贷的基本内容

001 什么是校园贷 …………………………………… 3
002 校园贷的发展历程与产生背景 ……………………… 7
003 大学生如何使用校园贷 ……………………………… 11
004 不良校园贷的主要特征 ……………………………… 14
005 不良校园贷的几大风险 ……………………………… 17

第二章
校园贷的业务类型

001 电商小额信贷 ……………………………………… 25
002 消费金融公司 ……………………………………… 28
003 P2P 贷款平台 ……………………………………… 33
004 线下私贷和民间借贷 ……………………………… 37
005 银行机构 …………………………………………… 42

第三章
校园贷的几种骗局

001 校园贷之"美容贷" ………………………………… 49
002 校园贷之"高利贷" ………………………………… 52
003 校园贷之"多头贷" ………………………………… 56
004 校园贷之"培训贷" ………………………………… 59
005 校园贷之"刷单贷" ………………………………… 63
006 校园贷之"套路贷" ………………………………… 67
007 校园贷之"裸条贷" ………………………………… 70

第四章

当今校园贷的现状

001 校园贷的现状 …………………………………… 77
002 校园贷存在的问题 ……………………………… 80
003 校园贷监管缺乏执法依据，亟待画清红线 ……… 83
004 校园贷中介紧盯风控漏洞，诱导涉险 …………… 86
005 问题不止于校园，监管提效责无旁贷 …………… 90

第五章

校园贷的几大陷阱

001 陷阱一：无担保，方便快捷 …………………… 97
002 陷阱二：低息背后，高额服务费 ……………… 101
003 陷阱三：分期还的少，其实是高利贷 ………… 104
004 防范校园贷陷阱的具体方法 …………………… 107
005 掉入校园贷陷阱时的应对方法 ………………… 110

第六章

如何应对校园贷

001 正确识别非法校园贷 …………………………… 115
002 改善大学生校园借贷问题的对策 ……………… 118
003 校园贷还不上的应对方法 ……………………… 122
004 校园贷不还须承担的后果 ……………………… 125

第七章

对校园贷的治理

001 最高检：检察机关依法惩治校园贷 …………… 131
002 银监会整改校园贷的五字方针 ………………… 135
003 校园贷的整改措施 ……………………………… 137

005　多方合力共治校园贷 ……………………………………… 140

第八章

校园贷的典型案例

001　案例一：代办申请诈骗 ……………………………… 147

002　案例二：不要将个人信息借给别人去贷款 ……… 148

003　案例三：代办提额诈骗 ……………………………… 152

004　案例四：暴力催款导致悲剧发生 ………………… 155

005　案例五：误入传销贷 ………………………………… 158

006　案例六：诱使学生借新债还旧债 ………………… 161

007　案例七：手机回租贷 ………………………………… 164

第一章

校园贷的基本内容

近几年，随着校园贷事件的不断发酵，让我们很多人都认识到了校园贷。可是，我们是否真正地了解校园贷呢？校园贷的由来和发展历程及产生的背景我们是否知道呢？校园贷的危害到底有多大？校园贷都有哪些特征？我们是否清楚校园贷的风险？

001

什么是校园贷

◎ 随着互联网在人们生活中越来越普及，就衍生出了很多新型产业，互联网金融就是其中一种。随着互联网经济的发展，我们对互联网经济也越来越熟悉，"校园贷"也更多地出现在大众眼中。对于校园贷这个庞大的市场，很多互联网金融、科技公司纷纷把触角伸向其中。但是由于大学生自身的偿还能力有限，以及很多校园贷公司业务发展中存在的缺陷，引起的一系列问题，把校园贷推到了大众的面前，引起了社会的轩然大波。那么就让我们一探究竟，到底什么是校园贷。

校园贷的定义

校园贷又可以称为校园网贷，是指一些网络借贷平台向在校大学生开展的借贷业务。据调查，由于校园贷是最近几年发展起来的新金融模式，少有相关的法律约束，因此网络借贷平台发展良莠不齐，风险控制水平差别较大。此外，因为追踪现金流向比较困难，所以很多为学生提供现金借款的借贷平台很难控制借款的流向，导致日常缺乏自制力的学生更是过度消费，助长不良风气。

2016 年 4 月份，教育部与银监会联合出台了《关于加强校园不良网络借贷风险防范和教育引导工作的通知》，这是第一个关于校园贷的相关文件。其中明确要求各高校建立校园网络不良借贷平台的日常监测和事实预警机制，同时建立不良网络借贷的应对处置机制。

2017 年 9 月，教育部明确规定取缔校园贷款业务，禁止任何网络贷款机构在校园内开展借贷业务。2018 年 9 月，《人民日报》针对"部分校园出现回租贷、求职贷、培训贷、创业贷的乱象"也发表了文章。

校园贷的业务分类

校园贷严格来说可以分为五种类型：

第一种类型就是电商背景的电商平台。比如像淘宝、京东、唯品会等传统的电商平台提供的信贷服务：蚂蚁花呗、蚂蚁借呗、京东校园白条、唯品花等。

第二种就是消费金融公司。比如趣分期、任分期等，有些金融公司还提供小额度的现金提现。

第三种就是 P2P 贷款平台（即网络借贷平台）。主要是用于大学生的助学贷款和创业基金借贷，比如投资贷、名校贷等。目前因为国家的规定和监管，包括名校贷在内的很多正规网络借贷平台都已经暂停向大学生提供借贷服务。

第四种就是线下私贷。民间放贷机构和放贷人是线下私贷的主体，也就是我们通常所说的高利贷。高利贷一般都会经过虚假宣传，

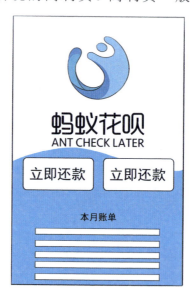

线下与借款人签约，做非法中介，需要担保，收取的利息也会超过正规借贷机构，更严重的是借款人还有可能会遇到暴力催收等问题。在这种情况下，受害人会遭受巨大的财产损失甚至还会遭到人身安全的威胁。

第五种是银行机构。随着校园贷的发展，银行也逐渐向在校大学生提供校园金融产品。比如招商银行提供的"大学生闪电贷"、中国建设银行提供的"金蜜蜂校园快贷"、青岛银行提供的"学 e 贷"等。

校园贷的有利方面

一方面因为当下是大众创业、万众创新的时代，国家为了鼓励大学生创业，在很多方面都给大学生创业者提供了优惠政策。很多大学生都认为这是一个难得的机会，便纷纷自主创业。可是因为在校大学生基本上都是没有经济来源的，创业基金对他们来说就是第一个难题。俗话说"巧妇难为无米之炊"，资金问题成了大学生创业道路上的绊脚石。恰好校园贷能够解决他们的难题，帮助他们渡过这个难关。所以说一定程度上校园贷确实给大学生创业者带来了很大的便利。在校大学生一般都不想向父母要资金作为创业启动金，校园贷对他们来说就非常便利了，因为申请校园贷手续简单、快捷。一旦创业成功偿还校园贷的钱也就不是问题了。这是一个稳赚不赔的方法，当然得有一个先决条件，那就是创业者必须创业成功，否则，等待他的将是看不见底的深渊。

另一方面就是满足了大学生的消费需求。校园贷的产生是这个时代的发展产物，而大学生市场的需求就是它存在的主要原因。校园贷作为一种提供贷款的金融模式，能够在一定程度上满足大学生的消费需求，这给资金不足却有着较高消费需求的大学生一个很好的缓冲"地带"。

　　校园贷的产生在一定程度上也刺激了经济的发展。无论校园贷的发展如何，它作为一种金融模式，毫无疑问对经济的发展有着一定的促进作用。它开拓并发展了之前一直被银行忽略的校园市场，校园市场非常庞大，在一定程度上刺激了经济需求，带动了经济市场的发展。因此对待校园贷我们不应该全盘否定将其一棒打死，而是应该用辩证的思维正确看待校园贷、认识校园贷。

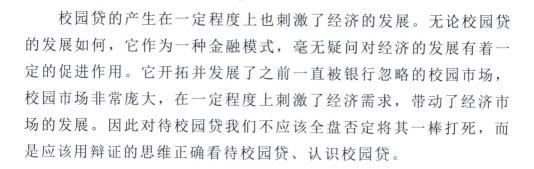

校园贷的不利方面

　　到目前为止，因为校园贷市场并没有十分明确的相关法律规定，因此并没有形成成熟稳定的管理制度和金融市场。一些不法分子就瞄准高校在校生，利用他们对社会认知能力差，金融方面的知识薄弱，防范心理弱等劣势，进行短期的小额贷款业务。从表面上看我们并没有觉得有什么不妥，只认为这是一种薄利多销的营利手段，但实际上不法分子从中获得的利率是银行的二十倍以上，肆意地赚取学生的钱财，给学生和社会带来了不少危害。

　　因为校园借贷平台给学生们提供了借款、贷款业务，一方面来说，一定程度上减轻了学生的经济困难，但从另一方面来说。也会助长学生的不良消费习惯。大学生群体相对来说是比较特殊的，从法律角度上来看他们都已经是成年人，具备了自我辨别能力和自制力，但是实际上很多大学生似乎并没有具备"成年"的资格。他们在许多方面都不够成熟。比如我们最常见的消费习惯就是其中表现之一。现在还未发展成熟的校园贷遇上了没有完全成熟的大学生，就很可能助长大学生"不成熟"的想法和行为。

　　有的学生会有攀比心理，不理性消费和爱面子使他们逐渐丧失理智，导致他们不得不向校园借贷平台申请借款，而之后他们又会利用借到的钱继续不理性的消费行为，助长他们养成不良的嗜好，比如吸烟、酗酒、打架斗殴等，还会逃课甚至辍学，使他们逐渐走向堕落，严重的还会毁掉他们的前途。

另外就是一些不法分子利用高利贷进行其他的犯罪行为。放贷人可能会利用高利贷诈骗借款学生的保证金等，或者是在获得借款人的个人身份信息之后进行电话诈骗或者骗取信用卡等。

最后就是残酷暴力的催款手段。如果借款人无法按时归还借款，校园借贷平台就会采取各种手段威逼学生还钱，对学生进行电话、短信等一系列的恐吓，甚至还会威胁父母。这些暴力讨债手段不仅对学生及其家长的人身安全产生威胁，同时还会扰乱学校公共秩序。其中放贷人暴力催债的危害程度最高，很多大学生也因此付出了惨痛的代价。这不仅对学生自己和校园贷行业是一种摧残，对社会也造成了一种灾难。

002

校园贷的发展历程与产生背景

◎ 河南某高校男生因赌球借校园贷无力偿还跳楼自杀、女大学生贷款时裸照流出陷入"裸贷"风波等新闻，把刚刚兴起的校园贷推到了舆论的风口浪尖。人们都不希望悲剧再次发生，纷纷盼望监管之手能激浊扬清，希望有专门针对学生开展的金融业务真正地惠及广大学生。

然而，想要完成这一任务非常不容易。有研究者表明，监管部门既要根除不良校园贷平台的"裸贷""套路贷""暴力催收"等现象，又要不伤及消费金融的真正创业者，这两者之间虽然没有理念上的矛盾，但是在操作中很难判断。那么，校园贷的兴起和发展历程如何，又是在什么样的背景中产生的？让我们一起来了解一下。

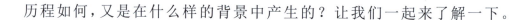

校园贷的兴起

实际上早在 2005—2008 年就已经出现了校园贷，只不过当时的校园贷经营模式不同于现在的 P2P、各类网络平台，而是由银行通过向大学生发放大学生信用卡提供的一种信贷形式。当时，银行发现大学生群体具有较高的消费欲望，意味着具有潜在的金融信贷市场，各大银行纷纷推出了校园信用卡业务。校园信用卡的推出，一时间在学生之间极受欢迎，该市场呈现出一片欣欣向荣的场面。

随着时间的推移，为了扩大市场占有率，各大银行之间展开了盲目的非理性的竞争，市场内部恶性循环。高逾期率、高坏账率、高注销率、高睡眠率这些乱象如雨后春笋般接踵而至，各大银行都出现了收不回贷款的情况，在这繁荣的市场背后隐藏的重大危机像位于大海中的冰山逐渐崭露头角般慢慢浮出水面。这一系列不良现象的出现，引起了监管部门的关注。

2009 年银监会发布了《关于进一步规范信用卡业务的通知》，使各大银行向学生发放校园信用卡的门槛提高，甚至叫停了校园信用卡的发放，最终导致信用卡退出了大学校园的舞台，校园信用卡无疾而终。从此校园贷进入了沉寂期。

最近几年随着经济的发展，"互联网 +"逐渐兴起，互联网金融行业也慢慢出现在人们的生活中，改变着人们的生活方式和消费理念，极大地刺激了人们的购物欲望。互联网金融和购物欲望两者之间的相互促进，也促进了贷款的快速增长。同时短期借贷的比重也在不断地增加，逐渐占领了很大的市场。

面对短期借贷这块巨大的蛋糕，许多的电商企业、消费金融企业、P2P 平台等也都想分走一块。但是，有市场就意味着有竞争，随着越来越多的企业进入这块领域，竞争也就愈演愈烈。因为银行信用卡在人们的心目中还是占有一定的地位，也就是说我国很大一部分人都会优先选择银行信用卡，所以就迫使后来进入的金融公司另谋出路。而被银行打入冷宫的大学校园市场无疑是最好的猎物。

一方面是因为我国没有相关部门对校园借贷市场进行监管，于是很多企业打着金融创新的旗号在校园内开展校园借贷业务，一路畅通无阻；另一方面是因为大学生在法律上已经是成年人了，而且是具有完全民事行为能力的成年人，可以为自己的行为负责。

因此，在2013年，大学生消费信贷已经进入了探索期。2014年，校园内开始出现了校园借贷的足迹，校园贷在学校内大力宣传，使得校园信贷市场在短时间内飞速发展。2015年以来，校园贷呈现爆发式的增长，先后涌现了如趣期、分期乐、爱学贷、名校贷、优分期等多家专门向大学生提供借贷业务的平台。

扭曲与纠正

"校园贷高速发展的背后也出现了很多乱象，其中主要是因为民间借贷、高利贷披着校园贷的外衣将黑手伸向了校园。"中央财经大学中国银行业研究中心主任说道。这些民间借贷、高利贷之所以盯上大学生这个群体，是因为大学生有法律意识淡薄、金钱欲望易被刺激、生活场所固定讨债方便等特点。

这些不良校园借贷用"无须抵押和担保""当日放款"等条件包装，吸引学生促使他们完成借款，背后隐藏的却是高额的违约金、罚金、服务费等。只要学生没有按时归还，这些民间借贷、高利贷就会开始使用暴力催款手段，各种威胁、恐吓都会被其派上用场。

校园贷发展速度如此之快，不可避免地会出现一些问题，这其中的原因涉及各个方面。除了缺乏相关部门的监管外，大学生还很容易产生攀比心理、冲动消费，他们的消费资金大部分都是来自父母或者自己打工等，这样的收入与消费不匹配的现状背后隐藏着巨大的风险。因此，监管部门的整顿和正确引导是必不可少的。

在 2016 年 4 月，教育部联合银监会发布《关于加强校园不良网络借贷风险防范和教育引导工作的通知》，明确规定了校园贷的整改事宜。银监会还提出采取五字方针措施，即"停、移、整、教、引"。银监会和教育部针对性地下发风险提示，对不良校园贷平台进行强制性整顿，加强大学生的教育引导工作。

不是一棍子打死

监管部门的频繁发力，让一些人认为是有意"灭掉"校园贷，以绝后患。其实并非如此，不管是从金融产品的创新角度还是从扩大内需来看，作为消费金融的组成部分，校园贷都有其存在的积极意义。尽管校园贷市场存在很多问题，亟须监管和规范，但须理性看待。

校园贷的发展有利于刺激消费，国家针对这一消费金融持积极态度。2013 年，银监会发布的《消费金融公司试点管理办法》，是为试点金融公司的准入、监管、规范经营保驾护航。全国两会《政府工作报告》中提到鼓励金融机构创新消费信贷产品。中国人民银行与银监会联合发布的《关于加大对新消费领域金融支持的指导意见》，是针对积极培育发展金融组织体系、加快推进消费信贷管理模式和产品创新等方面提出的一系列金融支持消费领域的政策措施。

另外，校园贷的发展，有利于在学校普及金融方面的知识，及早培养大学生拥有正确的消费观和理财观。

银监会提出的五字方针，主旨是对行业进行正确的引导和规范，对不同类型的公司采取不同的措施，同时也肯定了合规机构经营的合法性，对不良借贷机构给予强制暂停业务。据了解，京东校园白条、蚂蚁花呗、蚂蚁借呗等都是在政策允许的范围内正常开展业务。

有的借贷平台按照监管要求进行了整改，包括对催收方式进行了严格的规范，并筛查符合要求的催收机构。

003

大学生如何使用校园贷

校园贷在大学校园里发展得如此迅速，与大学生消费观和消费模式的改变息息相关。

当今社会的物质生活十分丰富，精神生活在时代的发展中逐渐丰富多彩。现在的大学生不满足于教室、食堂、宿舍三点一线式的单调生活。他们慢慢走出校园，与社会接轨，努力跟上并适应世界的步伐。在网络时代科技的不断发展中，电脑、手机、数码电子产品、游戏装备等都成了学生之间的消费热点。除此之外还有旅游、娱乐活动、运动装备等。然而，大学生只有家庭提供的生活费，没有其他经济来源，面对这多姿多彩的世界却囊中羞涩的时候，他们会怎么做呢？校园贷正好在这个时候迎合了他们的需要。

大学生校园贷消费模式

目前大学生主要的校园贷消费模式有三个，一个是小额网贷公司，另一个是信用卡模式，再一个就是消费分期付款平台。

首先小额网贷公司是伴随着互联网金融的发展而慢慢发展起来的一种新型贷款方式。这样的方式适用于大学生购买价格比较贵的产品，比如购买笔记本电脑、苹果手机、数码相机等。而且这种贷款方式十分简单、快捷，只须大学生提供银行卡号、身份证号、学生证就可以办理。相对于银行信用卡而言，这种方式只须在提交申请资料之后，短时间内经平台审核信息是否正确便可以成功放款，学生可以很快就把自己想买的产品买走。

其次就是银行专门针对大学在校生办理的大学生信用卡。虽然因为种种原因中国银监会在 2009 年 5 月暂停了大学生信用卡的发放，但是在校研究生都可以正常申办银行信用卡。大多数银行针对大学本科生的特殊身份，为大学生制定了特殊的信用卡。比如，招行的 YOUNG 卡、工行的牡丹卡、建行的大学生卡、农行的 U 卡等，这些银行信用卡都是专门为大学生而制定的。并且这些信用卡除了具有先消费后还款的特点，还有免费异地汇款、购物分期付款等优惠便利。各大银行为了抢占大学生市场，纷纷降低了大学生申请银行信用卡的条件，还有很多优惠活动，目的是为了刺激大学生办理信用卡。致使很多大学生办理了大量的信用卡，背负着高额的欠款，成了名副其实的卡奴。

最后就是大学生通过消费分期付款平台进行消费。大学生消费分期付款平台在这几年中大量兴起并在大学生中得到广泛应用。大学生消费分期付款平台的模式融合了电商平台消费金融模式与 P2P 网贷消费金融模式，其中大学生消费分期付款平台在整个模式中处于核心地位，因为它是连接互联网理财平台和大学生、供应商的非常重要的一环。

大学生消费分期付款平台的实际运作模式是：首先大学生在消费分期付款平台上提交分期消费的申请，待通过后，分期平台再将对于大学生的债权打包出售或者转让给 P2P 平台及互联网金融理财平台。之后转让给 P2P 平台的对于大学生的债权就会被制作成理财产品在网上进行出售。P2P 平台再将从投资人那里募集到的资金投入消费分期付款平台，为大学生采购的商品提供货源。最后大学生在消费分期付款平台上拿到所购产品，并按照约定向消费分期付款平台支付剩下的余款，然后分期付款平台再向 P2P 平台回款，P2P 平台再按照原来的约定为投资人回报收益。在这整个运作模式中，大学生的信用风险是基础风险，大学生消费分期付款平台是整个运作模式中的关键，P2P 的投资方是整个模式中风险的最终承担人。

大学生消费校园贷的领域

当代大学生的消费模式不像以前的大学生，只局限在基本的生活和学习消费领域，而是呈现多元化的趋势。随着社会的发展，人们的物质生活越来越丰富，大学生们也更愿意投入到生活享受型消费中，追求生活的品质，体验生活的多彩。具体来说大学生的校园信贷消费主要支出集中在以下四个方面：

一、电子数码产品方面的消费

随着人们生活条件的提高，大学生对于生活质量的要求也逐渐提高。生活在现代化、信息化的社会中，更乐于接受新鲜事物的大学生对于电子产品的需求也在增加。各种各样的电子产品逐渐走入校园，走进了大学生的生活。由于这些电子产品的方便快捷，信息交流迅速，具有强大的娱乐功能，在大学生群体中越来越受到追捧。譬如苹果的三大件 iPhone、iPad、Macbook 等成了大学生的标配。但是，因为科技的发展，数码产品更新换代的速度就像一阵风，新买的产品还没焐热乎下一代产品就已经开发出来了。这对于追赶潮流的大学生具有极大的诱惑力，同时也具有极大的经济压力。

二、娱乐运动方面的消费

中学时代的学生没有多少课余时间来放松心情，成为大学生的他们相对以前有了很多自由时间，同时可以解放他们压抑已久的心情。由于大学生有着充沛的精力，探索世界的好奇心，丰富的想象力，所以在没有学习任务的时候，他们大多会选择外出旅游，去见识更广阔的世界、认识更多的人。有些学生会去酒吧，参加 KTV 聚会等娱乐活动；有些学生更加关注自己的外形，投入更多的时间和金钱在健身、化妆方面；等等，这些都构成了大学生的娱乐运动消费。

三、学习、能力提高方面的消费

现在的大学生都十分注重个人素质的全面发展，他们很乐于花费时间、精力和金钱去投资自己或者投入自己感兴趣的领域，同时他们为了适应日益竞争激烈的社会，不断积极投身于国家组织的各种考试体系中。为了能够取得好的成绩，有些同学会进行相关的培训，购买相关的书籍，还有相应的报名费、培训费，这些都是需要学生自己来承担的。

四、感情方面的消费

大学生阶段的感情消费主要有两种，一种是为友情花费，另一种是为爱情消费。友情消费主要集中在聚餐、KTV等娱乐方式，从而加深彼此之间的感情。爱情消费主要体现在外出旅游、送礼物等方式。这些在大学生消费比重中也占有不可忽视的分量，大学生同时也会出现一些不理性的消费行为，购买一些与自己消费水平不相符的产品。

004

不良校园贷的主要特征

这几年随着科技的发展，校园贷逐渐走进了大学校园，影响了大学生的生活，同时也出现了很多的问题。如果是正常的信贷，那么它就是一种金融工具，是"互联网+"时代下的创新金融理财衍生服务，的确能解决在校大学生的经济困难，用得好，就能发挥校园贷的积极作用，给社会和学生都能带来便利。

如果是不良信贷，也就是我们经常了解到的不良校园网络信贷，那问题就大了。这些不良校园网络信贷往往都是披着具有诱惑力的外衣，打着各种诱人的旗号迷惑学生，就像是一种毒品，让学生们想戒都戒不掉。目前校园贷出现的各种问题绝大部分都是来自这些不良信贷。

不良校园贷的特征

不良校园贷具有以下几点特征：

一、随处可见的虚假广告。因为校园贷市场的迅速发展，信贷平台的经营状况良莠不齐，在众多校园贷平台中不乏掺杂着不法分子，利用这个庞大的市场牟取暴利。他们经常在学校内部及其附近张贴广告宣传，另外有很多中介通过微信群、QQ群或者其他社交软件发布广告，打着"手续简单快捷、不用任何抵押只需要身份证就能成功办理贷款"的虚假口号，模糊实际收费标准、滞纳金、违约金等各种费用来诱惑学生。

二、短期小额借贷，利息低。无担保、无抵押、低门槛、高利率，几乎成了不良校园贷的专用代名词。小额借贷，主要是为了迎合大学生的消费需求；期限短是为了间接提高借贷的利息，因为如果是短期的话算起来总利率也不会很高，大学生一般都会接受。但是如果真正计算一下贷款的成本会发现，利率是非常高的，因为它包括了高昂的手续费和其他费用。如果大学生没有按时归还借款，日积月累还款金额就会快速增长，逐渐超出学生的还款能力。

三、规避法律风险作假流水，留有一手。借贷如果年利率超过36%，就属于高利贷，而高利贷是不受法律保护的。一些借贷平台为了规避法律风险，通常会留有一手。比如，在学生借款过程中，借贷平台会将合同上承诺的款项汇入借款人的账户，然后再让借款人去银行把所有款项取出来，再从中拿走一部分钱，留下银行流水作为证据。而实际上借款人到手的钱并没有承诺的那么多，但是借款人要还的钱仍然是承诺的金额。再比如说，放款方与借款人一同到银行转账，他们将约定的十万元打入借款人的账户中，然后让借款人全部取出，放款人拿走其中的两万元，却没有任何字据能够证明借款人还款二万元，最后借款人拿到的只有八万元，银行流水显示的却是十万元进账。

不良校园贷的陷阱

校园贷门槛极低，申请手续简单，声称不需要任何抵押作为担保，这些都是吸引学生的表面。在贷款的时候他们只需要身份证和学生证来证明自己是学生，就可以通过校园网络借贷平台的审核，顺利拿到贷款，不良借贷平台还会做虚假宣传表示不需利息或者是低息。

大学生虽然大多部分都已经成年，但是他们的心智还都不算成熟，相对来说依然是比较单纯的群体，在考虑事情的时候不会想得很周全。比如，在贷款的时候他们就会高估自己，认为自己一定可以按时还上贷款，所以就不会考虑如果到期还不了的话会有什么影响，应该怎么处理。或许他们仍然认为不用支付利息或者是只须支付低息，其实不然，他们面临的是高额的利息。另外就是轻信不良网络借贷平台宣称的相关信息，在上面分期购买电子产品，在算分期时每期要支付的金额中包含了高额的手续费，这其实也是变相的高利贷，而事先并不会告知消费者。所以，不良校园贷平台还有很多不透明的且不利于借贷人的信息。

不良网络借贷平台进行宣传的时候往往会将借贷或者分期的好处夸大，有时为了消除学生对借贷平台的怀疑，还利用学长进行宣传，使更多的大学生掉进不良校园贷的陷阱。

005

不良校园贷的几大风险

如今只要在网上搜索校园贷的相关消息，满屏都是负面新闻。是校园贷被妖魔化了，还是校园贷本来就是这么糟糕？从早期的助学贷、学生信用卡，再到后来的 P2P 平台，校园似乎成为了这些金融服务触角延伸的一片沃土。当各类金融服务公司面向学生开展借贷业务的时候，由于很多不可抗力因素，乱象接连被爆出。接下来，让我们来了解一下不良校园贷有哪些风险以及防范措施和建议。

不良校园贷的风险有哪些

校园贷在给广大学生带来便利的同时，也存在了诸多风险：第一是高利贷、诱导贷款、提高授信额度容易导致学生陷入"连环贷"的旋涡；第二是部分非法校园贷平台利用学生对于金融知识和法律知识的不了解，钻金融监管法律的空子；第三是不良校园贷平台有泄露学生个人身份信息的风险，还有些不法分子利用获取的学生信息进行贷款，使被冒用身份者可能面临信用征信的不良记录和被追债的问题；第四是各个校园网贷平台"校园代理层层分包提成"等发展模式严重破坏了正常校园秩序，暴力追债现象严重威胁到学生的人身安全，加大了学生的心理压力。

不良校园贷中存在的问题

一是违反了广告法。他们在进行宣传的时候存在着淫秽、不道德的诱惑，侵蚀着校园的精神文化并且影响着学生正确价值观的形成，刺激学生们的消费欲望。比如，不良校园贷会在宣传广告中写道："这个社会很现实，有钱何愁没对象。""满足你所有欲望，让你释放自我。""尽情去创业、投资、泡吧，我们是你最稳的取款机。""不会花钱，如何赚钱。"……像类似这样的广告已经不是在帮助学生解决基本生活和学习方面的困难了，而是在刺激学生内心最深处的欲望，引导学生在物欲横流的物质社会中挥霍，引导学生进行不健康的消费，将纯洁的校园搅和得混浊不堪。

二是不良校园贷的利率已经远远超过了法律规定的正常利率范围。根据人民金融了解，借贷公司的中介每做成一笔贷款，他们就可以从中抽取十分利，最低也是六分利。也就意味着，如果大学生是通过中介介绍进行的贷款业务，每成功一万元，不管期限是多长，中介都可以从中获取至少六百元的抽成。如果是信用资质不良甚至是更差的人，中介的抽成将会更高。

　　三是校园贷集聚着较高的信用风险。据一位从事过校园网络借贷平台风控的人士透露，校园贷的逾期率普遍较高，不仅是因为学生的还款能力弱，还有因为一些不良中介利用校园借贷平台风险控制弱的漏洞帮信用资质不良的人申请贷款，使校园借贷平台承担着较高的信用风险。

　　四是还款期限与还款能力不相符。非法经营的校园借贷平台的目的就是为了从学生身上牟利，他们设定的还款期限很苛刻，学生通常都不能按时还款。一旦逾期这些网络借贷平台就会开始无休止的"骚扰"模式，还有高额的利息和违约金。

针对不良校园贷风险的防范措施

防范学生陷入不良校园贷应该全方面地实施具体措施，不管是个人消费观、价值观的改变，还是学校教育、政府监管、家人监督等，都应该有具体的措施。接下来我们以学校为例，建议应该实施的具体措施如下。

一、开展网络安全和金融知识的教育

要将防范不良校园贷纳入思想政治教育的工作中，学校要每学期以报告会、讲座、班级主题等形式向学生普及相关的金融信贷知识、网络安全知识、校园贷各种形式和相关的法律知识，引导学生谨慎使用个人信息，不要轻易将自己的个人信息借给他人使用，增强学生的网络金融安全意识和自我保护能力。通过切实的不良校园网贷案例，使校园借贷的风险更加深入学生内心，让他们真正清楚校园贷的潜在风险。提醒学生不要对网贷产品盲目信任，对身边向自己介绍网络借贷产品的熟人要保持高度的警惕。

二、深入开展网贷情况排查

针对学生进行一次关于校园贷情况的调查，然后针对学生参与校园贷的不同情况，开展一次深入彻底的排查，另外建立参与校园贷的同学档案。进行排查工作应该做到所有学生都参与，从参与校园贷情况的各个方面进行调查，比如是否参与过校园贷，曾经参与校园贷已还清贷款的、从他人处进行高利借款的、参与网购刷单兼职的、参与校园贷还没有还清的，以及欠款金额情况等都要列入排查范围。此外，班主任、辅导员、学习干部、宣传委员等应该发挥自身的重要作用，对本班学生进行校园网贷情况充分地了解，一旦发现有不良网贷的发生，应该及时报告领导小组进行处理。做到谁主管，谁负责，层层落实。

三、做好校园网贷风险防范的工作

第一就是要增强防范意识，将防范不良校园贷款作为学生的日常教育工作内容，通过各种形式、各种渠道全方位地向学生进行非法校园贷风险的宣传，发布预警提示信息，加强教育；第二是通过集体教育向大学生普及有关校园网络借贷的知识；第三是要对已经进入校园的网络借贷平台或者机构进行风险评估，及时通过宣传栏、短信、学校公众号、班会等形式告知学生校园借贷平台金融产品的相关提示信息，对于明显具有诈骗性质、侵害学生合法权益的不良校园借贷平台向银监会、公安等部门举报。第四是发挥团委、学生会、学生干部、青年志愿者协会等校园组织的作用，在校园内每学期至少开展一次抵制校园不良网贷、防范网络安全风险等咨询服务、签名活动，引导学生树立文明、理性和健康的消费观念。

四、做好家庭困难学生的资助工作

一方面团委应该加大国家资助政策的宣传力度，提高国家奖助学金及相关贷款政策宣传的广泛性、有效性、知晓率，使学生在遇到经济困难时将国家资助体系作为第一选择。同时，学校对申请奖助学金的同学家庭条件应该进行严格的审核，使真正需要的学生得到申请名额。另一方面应加大学生资助体系建设力度，加强对学生资助工作的科学管理，简化资助办理流程，提高资助工作的效率，使大学生在申请国家资助道路上畅通无阻，确保国家资助政策落到实处。

第二章

校园贷的业务类型

　　贷款业务在如今的社会中已经是司空见惯，不管是学生还是社会人士多多少少都有过贷款的经历，大学生在申请校园贷的时候，一定要懂得辨别校园贷，选择正规的机构或者平台。

001

电商小额信贷

◎ 随着我国互联网科技的迅速发展，互联网金融也与时俱进，各种电子商务平台和互联网金融信贷产品逐渐发展起来。有研究表明，高校大学生作为新一代消费群体的主力军，成了电子商务和互联网金融平台进军消费信贷市场的主要用户，同时，这些新型消费手段也进一步影响了大学生的消费行为和消费模式。但同时出现了很多问题：一方面大学生消费群体有着自身的缺陷，逐渐呈现出消费观念与经济实力背道而驰的现象，所以很容易在这种先购买产品后支付的消费模式中失去了理性；另一方面，电子商务小额信贷作为刚刚开始发展的一种互联网金融产品，其商业模式正在摸索中，正处于发展阶段，在实际运作过程中还有很多的不确定性和未知性。

电商行业背景简介

随着互联网的发展，中国的电子商务随之崛起，交易额一年比一年高。伴随电子商务在各个领域的应用不断扩展和深化，与之相关的服务业同样迎来了蓬勃发展的时机，支撑体系不断健全完善，使电子商务行业内容更加丰富，创新的动力和能力逐渐增强。电子商务的发展给实体经济带来了冲击。慢慢地，电子商务与实体经济的深度融合，进入了规模性发展阶段，对经济发展、社会生活的影响不断增大，正在成为我国经济发展的牵动力。

2018年，中国的电子商务市场交易规模达到了 31.63 万亿元，相比 2017 年增长了 8.5%，其中网络购物增长了 23.9%。2018 年移动网络购物市场用户规模达到了 8 亿人，网购用户数量达到 5.69 亿人，网购渗透率达到 71%。中国家庭的总数量为 4.5 亿，这说明平均每个家庭都已有一人使用电商购物。移动端的随时随地性、碎片化、高互动、方便快捷等特点，让它成为了连接消费者与商家的桥梁，将网购市场推向了"线上＋线下""社交＋消费""PC＋手机＋TV""娱乐＋消费"等方向，实现整合营销、多屏互动等模式。

我国电商占社会零售额的比重已达到 17.5%，在全球仍居于较高水平。从未来看，我国电商总量将保持较快的增长速度。这主要是因为以下四点：

一是电商生活化。电商越来越成为生活的一部分。从电商的品类增长看，食品等与居民生活密切相关的品类快速增长，而生鲜等难以电商化的品类，也由于电商生态的完善，保持较大的增长空间。

二是电商生态化。物流配送等基础设施日益完善，电商平台在消费者需求分析、供应链管理、平台治理等方面积累了较丰富的经验。同时国家对电商仍持支持态度。

三是电商泛在化。电商在用户规模、渗透深度等方面仍有较大的空间。如低线城市、农村地区等，也都将在电商领域有大量的创新。

四是电商创新化。商业模式持续创新。如各种无人零售、无人货架、线上线下深度融合等模式，为电商发展拓展了新空间。

我国电商小额信贷的发展现状

阿里巴巴集团和京东集团旗下成立的小额贷款公司是我国具有代表性的两家电商小额信贷公司。阿里巴巴集团下成立的信贷公司有"蚂蚁金服"和成立于 2010 年 6 月的"阿里小贷"（之后更名为"蚂蚁小贷"），还有 2015 年开始面向网络购物的消费者提供信贷服务的"蚂蚁花呗"。而京东集团在 2013 年成立了其独立运营的京东金融。京东金融贷款服务"京小贷"和"网商贷"，服务对象主要是依靠京东平台发展的小微企业；提供给消费者的信贷服务主要是"京东白条"。

电商小额信贷公司与传统的信贷公司不同。传统的信贷公司一般有区域限制，仅限向本地区住户提供小额信贷服务。而电商小额信贷公司主要面向的是依赖电子商务平台发展的小微企业、商户以及在其电商平台上进行消费的消费者。电商小额信贷具有以下几个特征：业务流程网络化、运用以大数据技术为基础的风险控制机制、服务范围局限性小、贷款环节简单等。

大学生青睐电子商务的原因

电子商务的发展迅速，离不开学生的推动。为什么电子商务如此受广大学生的青睐呢？主要有以下几个原因。

一是电子商务能够满足大学生的需求。因为其运行的经营方式使大学生能够足不出户就可以买到符合自己心意的物品，满足了大学生的消费特点。就大学生而言，电脑、手机已经相当普及了，每个大学生手里都会拥有其中至少一样东西，有的甚至全部都有，这些已经成为了大学生的标准配置。同时，大学生的学习、生活、娱乐都离不开网络，因此每个大学生都能很熟练地使用互联网。我们生活在第三次科技革命的时代中，互联网的运用体现在生活的各个方面，这为电子商务的发展提供了重要的前提。也正是这个原因，电子商务的出现和发展在大学生群体中没有遇到重大问题。

二是大学生具有较强的学习能力和接受能力，对于新鲜事物有敢于探索的好奇心，相比社会上的成年人，他们具有更强的适应能力，又有较多的时间去研究、尝试。这种特性对商家又起到了反作用力，刺激厂商不断地推陈出新，促进了电子商务行业的蓬勃发展。

三是电子商务的生命力创新。电子商务能够在互联网时代以迅雷不及掩耳之势发展，其中最主要的原因在于交易媒介的创新，即从原来的计算机支付普及到了以手机支付。随着智能手机的普及，功能也越来越多，很多以前需要通过计算机才能完成的操作如今都能够通过手机来实现。这一表现在大学生群体中最为突出。我们可以发现，不仅大学生对于手机有着很强的依赖性，很多成年人对手机的依赖程度也不亚于学生。厂商运用敏锐的嗅觉发现并充分利用这一特点，开发出了一系列的移动端 APP，实现了电子商务受众群体数量上的突破。在现在的生活中，几乎每家电子商务公司都是网页版和手机版双线经营，其中手机端的交易逐渐地占据了消费中的主导位置。正是由于商家的不断创新和大学生较强的学习能力与适应能力使得电子商务蓬勃发展。

四是大学生的消费行为。大学生因为没有较强的财务管理能力，很容易发生冲动消费，但是他们又不习惯在身上携带大量的现金。如此一来，电子商务的出现避免了大学生需要先取出再随身携带现金的烦琐。这样的消费方式对大学生来说，金钱的减少只是数字的减小，更容易产生冲动消费，这一点也是商家的精明之处。就拿趣分期这款软件来说，它之所以能够在大学生之间迅速普及，是因为它适应了大学生的消费特点，可以让大学生通过分期付款来购买在短时间内无力支付的商品。也是因为这样，当大学生在决定是否购买一件产品的时候，之前可能会因为支付能力不足而选择放弃消费，但是趣分期的普及则使大学生的冲动消费变成了可能。

002

消费金融公司

消费金融公司是指不吸收公众财产，以小额、分散为原则，为中国境内居民个人提供以消费为目的的贷款的非银行金融机构。这些金融机构主要提供的贷款服务包括个人耐用消费品贷款和一般用途个人消费贷款等，比如趣分期、任分期等贷款机构平台。有些平台还提供较低额度的现金提现。由于消费金融公司发放的贷款是无担保、无抵押的贷款，因此风险相对较高，所以银监会便设立了严格的监管措施。

消费金融公司的启动意义

2010 年 1 月 6 日，中国首批三家消费金融公司得到了中国银监会的批准着建，这一重大举措标志着已经在西方市场经济中发展了四百多年之久的消费金融公司这种金融形态终于在中国迈出了第一步。那么，消费金融公司的启动意义有哪些呢？

一、促进经济主导

银监会非银行金融机构监管部副主任表示，设立消费金融公司这一类型的金融机构，是推动我国经济从投资主导型业态向消费主导型转变的必要条件。"消费金融公司的成立，可以促进个人消费的增长。而随着个人消费的需求越高，就会推动制造商和零售商产品销量的增长，从而带动相关产业的需求，改变之前的经济状态，减少 GDP 对出口和固定资产投资的过度依赖。"

同时，消费金融的启动对提高人们的生活水平、社会经济增长等方面都有积极的推动作用，这一金融服务方式已经在成熟市场和新兴市场得到了广泛的使用。在一些发达国家，消费金融提供的服务主要是面向有稳定收入的中低端个人客户。其之所以广受社会各层群体的喜爱，是因为它具有审批速度快、无须担保和抵押、单笔授信额度小的特点，可以解决燃眉之急、还有贷款期限短、服务方式多样化等优势。

曾经有数据表明，全国最大的家电连锁企业之一的苏宁电器的部分零售网点因为有消费信贷的支持销售量增加了 40%。有很多专家表示，如果想要在国内大规模地发展消费市场，不仅需要加大银行机构提供的信贷支持，还需要有消费金融公司等更专业化的金融机构的加入。

二、消费信贷业务

消费金融公司的主要业务包括两个，即个人耐用消费品贷款和一般用途个人消费贷款。第一种是通过经销商发放给借款人，第二种是直接发放给借款人。

中央财经大学中国银行业研究中心主任说，因为居民的金融消费是多样的，因此会有不同的需求，具有专业性的金融机构可以为消费者提供更专业化的服务，"为了更好地从深度和广度上大规模地开发人们的消费，我国应当发挥消费金融机构的积极作用"。

与发达国家相比，我国设立的消费金融信贷公司类型较少，只有商业银行和汽车金融公司两类机构，且消费贷款占总贷款的比例还少于12%，其中以房贷、车贷、信用卡业务为主。而针对人们耐用品、旅游、娱乐、日常、学习等一般用途的个人消费等方面的信

贷金融业务，还仍然没有相对专业化的管理和规范。

中央财经大学中国银行业研究中心主任指出，设立专业的消费金融机构，可以为那些商业银行无法惠及的个人客户提供更具有针对性的新的可供选择的服务，这样就可以满足社会上不同层次、不同群体的消费需求。同时，设立专业化的消费金融机构，可以使我国的金融机构类型多样化，对推进我国金融产品创新也有着重要意义。

三、严格监管标准把控风险

因为消费金融公司提供的信贷业务不需要任何担保和抵押，就意味着存在着较高的风险。因而银监会设立严格的监管标准。中央财经大学中国银行业研究中心主任表示，在消费金融机构试点运营期间提供的业务不得涉及房地产贷款和汽车贷款等具有高风险的产品。对消费金融公司的资产也有严格的要求，即公司资本充足率不得低于 10%，同业拆入资金比例不高于资本总额的 100%，资产损失准备充足率不得低于 100%。

除以上标准外，为了防止个人消费贷款被用作其他途径，银监会还提出，一般用途个人消费贷款的额度不得超过之前对该借款人单次发放的贷款的最高额度，而且只有个人耐用消费品贷款取得良好信誉的老客户才能得到贷款。

挂牌机构"补位"校园贷

因为校园网络借贷是最近几年才开始发展的一种新型金融服务，所以还没有严格的准入机制，因此发展状况有好也有差。同时非法校园贷趁此机会也向学生伸出了魔爪，裸贷、高利贷、连环贷、暴力催收等各种现象频频爆出，引发了社会舆论，同时引起了监管部门的关注。

为此，在 2017 年 6 月，中国银监会、教育部、人力资源和社会保障部联合下发了《关于进一步加强校园贷规范管理工作的通知》，其中提到了关于提供校园贷服务的要求。其中包括没有经过银行业监管部门批准的金融机构不得提供校园贷服务，各地金融办（局）和银监会要加强引导和监督，鼓励合规的金融机构进入校园，为大学生提供符合法律规定的信贷服务。

现在，除了中行、建行等商业银行进军校园贷业务外，招联、兴业消费金融等持牌消费金融公司也在逐渐向大学校园拓展业务。2017 年 5 月，招联消费金融率先推出了一款专门为在校大学生群体（本科、硕士、博士）设计的互联网信用贷款产品——学生零零花。兴业消费金融紧随其后，在 8 月份推出了"助学宝"等相关产品，同时满足了学生在学费、生活费、培训费、创业基金等方面的资金需求，并以 APP 线上申请的形式进行。一名银行系消费金融机构人士称"这是响应国家监管的号召，开正道堵偏门"。

消费金融的发展现状

在国际上，消费金融体制已经有四百多年的历史，无论在发达市场还是在新兴市场，都发挥了重要作用，而且还显示了一定的优势。虽然消费金融体制在一定程度上促进了消费，但是我们也不能对其有过高的期望。如果结合我国目前金融市场的发展状况，消费金融体系的发展前景还是不容乐观的，原因如下：

一是我国个人征信体系建设不够完善，不对称的信用信息在某种程度上会增加借款人的道德风险，导致各金融系统为了降低损失不得不提高利率，这样就很容易引起"逆向选择"。使得借款人大都是有信用瑕疵的人，最终消费金融公司的借贷市场变成了"柠檬市场"。就是我们通常了解到的校园贷中最常发生的"连环贷"。然而，在短时间内想要完成个人信用系统的体系建设是不可能的，所以金融消费公司的发展面临着信用危机的挑战。

二是消费金融体系的自身信用面对的挑战和竞争。在市场优胜劣汰的机制下，消费金融机构不仅需要有雄厚的资金实力和过硬的品牌号召力，还需要具有良好的信用和专业实力，否则很难与传统银行相抗衡。所以，市场上最后留下来的消费金融公司大多都是传统银行设立的，或者是引入外国发展成熟的机构发展消费金融信贷业务。

003

P2P 贷款平台

◎ P2P 是英文 peer to peer lending（或 peer-to-peer）的缩写，翻译成中文的意思就是个人对个人或者伙伴对伙伴，称为点对点网络借贷。是一种聚集了小额资金并将这些资金贷给有资金需求的人的一种民间借贷方式。它属于互联网金融产品的一种民间小额借贷，通过运用互联网、移动互联网技术的网络信贷平台进行相关的理财行为、金融服务。一些 P2P 贷款平台用于为大学生提供助学贷款和创业启动金，如名校贷等。之后国家的相关监管要求变得严格，很多网贷平台都已经暂停了校园贷业务。让我们一起来了解一下 P2P 贷款平台的相关知识。

P2P 贷款平台的商业运行模式

P2P 小额借贷是一种将小额资金聚集起来然后借贷给有资金需求人群的商业模式。它在社会上发挥的价值主要体现在能够提供个人需求、发展个人信用体系、提高社会闲散资金利用率三个方面。网络信贷公司（第三方、网站）可作为媒介平台，借助互联网、移动互联网技术提供信息发布和交易实现的网络平台，将借、贷双方联系起来从而实现各自的借贷需求。借款人在媒介平台上发布借款的消息，投资者进行竞标向合适的借款人放贷，价格由借贷双方自己商定，平台撮合其成交。在整个借贷过程中，一切手续包括申请资料、资金等全都是在网上实现的。它是互联网与民间借贷相结合的一种新的金融模式，也是未来金融服务发展的新趋势。

P2P 网贷的发展历程

P2P 是由 2006 年"诺贝尔和平奖"得主穆罕默德·尤努斯教授（孟加拉国）创建的。1976 年，他在一次乡村调查的过程中，把自己身上的二十七美元借给了当地四十多户贫困村民，用来支付他们制作竹凳的成本，从而使这些村民免遭高利贷的剥削。这开启了他小额借贷之路。1979 年，他在国有商业银行体制下创办了格莱珉（意思为"乡村"）分行，主要为贫困的孟加拉妇女提供小额贷款业务。

在中国最早出现的 P2P 影子是 2006 年。P2P 网贷平台发展至今经历了六个阶段。

第一阶段是萌芽期。2006 年 P2P 传入中国，于 2007 年中国成立了第一家 P2P 网络借贷平台。在之后的几年内，国内很少出现网络借贷平台，涉足的创业人士也凤毛麟角。在这一阶段，全国的网络借贷平台发展到二十家左右，在市场上活跃的平台甚至不到十家。

第二阶段是高速发展期。到 2010 年，随着国家利率市场化、银行脱媒、民间借贷的火爆，很多创业人士看到了网贷平台的前景，逐渐开始有人试水。2011 年，网贷平台进入了快速发展期，逐渐涌现出一批新型网贷平台。到 2012 年国内网贷平台进入了爆发期，网贷平台的成立已经达到了两千多家，其中比较活跃的已经有几百家。据不完全统计，仅在 2012 年线上线下放款的借贷平台全年交易额超过百亿元。其中网贷平台交易额达到三十亿元，有效投资人在两万至四万人。虽然在此阶段网贷平台快速生长，但是政府并没有明确的立法加以管理和约束。

第三阶段是缓慢发展期。进入 2013 年后，网贷平台的发展也并没有减速的趋势，以每天一至二家的上线速度依然增长。同时，随着平台数量的大幅度增长，市场中逐渐出现不良现象，比如资金供需失衡等。截至 2013 年底，这一阶段的网贷平台大都以月息 4% 左右的高利吸引追求高息的投资人，然后通过网络融资再偿还银行贷款、民间高利贷、投资自营项目等。

第四阶段是正规运作期。2014 年，国家表明了自己态度，开始支持互联网金融的发展和创新，在政策上给予 P2P 网络借贷平台的支持，使很多时刻关注网络借贷平台发展动向又担心政策风险的企业家和金融巨头选择进军互联网金融领域，建设自己的 P2P 网络借贷平台。

第五阶段是海外拓展期。一方面，到 2015 年底，网贷行业的交易额虽然已经突破万亿元，但这个数字依然没有满足整个投资市场的需求；另一方面，由于国内的优质资产大多掌握在传统金融机构手中，一般的网贷企业很难与他们竞争，因此，一些 P2P 企业开始引入优质的海外资产，拓展海外 P2P 市场。

第六阶段是行业整顿期。由于网贷行业发展过快，良莠不齐，自 2018 年 6 月以来，P2P 网贷行业进入了多事之秋。7 月，出问题的 P2P 平台数量明显增加。截至 2018 年 12 月末，全国 P2P 网贷的贷款余额 12094.21 亿元，环比下降 4.25%，同比降低 29.74%。在网贷平台数量方面，截至 12 月底，全国基本正常平台只剩 1363 家，退出平台累计 4407 家。

P2P 贷款平台分期贷风险

"月供350元，买苹果手机，立减500元。"在很多高校内都可以明显看见这些鼓励大学生超前消费的分期贷款购物广告语，非常醒目。这类广告的背后是很多P2P平台，类似于分期乐、趣分期、名校贷、靠谱鸟等，通过互联网渠道向有资金需求的人提供小额贷款的业务。

将目标人群放在大学生群体身上的P2P网贷平台主要有两种模式：一种是"P2P+分期购物"的购物模式，就像分期乐、趣分期等网贷平台；一种是纯P2P模式，比如么么贷、靠谱鸟等。只用不到一年的时间，P2P网贷市场就已经非常热闹，迅速在年轻人中流行开来，特别受学生欢迎。

据业内人士了解，"校园分期贷"的办理流程相对于银行信用卡的申请流程更简单，基本上只要有学生证或者入学通知书、校园卡等能够证明是学生身份的证件就可以成功申请，而且申请下来的额度比信用卡的额度高。以趣分期为例，对于在校大学生来说，网上购物的额度就可达到一万元。从一位在趣分期工作的人员那里了解到，趣分期的运营模式可以解释为P2P平台的延伸，因为他们的资金来源是从P2P公司获得的，他们拿到学生的债权，然后再转手卖给P2P平台。

校园分期贷的盈利模式主要有两种：一种是将从P2P公司贷款所要支付的利息转给支付，因此学生在进行分期贷的时候就会支付高额的利息；另一种是与电商讨价还价，形成"商品低毛率+还款高利率"或"商品高毛利+还款低利率"的营利模式。因此，与银行信用卡分期付款年利率7%以下相比，校园分期贷的年利率通常在20%以上，"白条"的利息比银行信用卡高出一倍之多。么么贷的产品设计自称，么么贷的年利率通常在14%到24%。

　　根据趣分期的一位工作人员称，趣分期平台还会从借款人那里收取一定的管理费，并从这些管理费中按一定的比例缴纳风险备用金。如果学生超过规定还款日期三十天后仍未还款，就按照坏账处理，逾期所要支付的违约金等由平台先垫付。但同时，借贷平台的线下工作人员会直接上门催款，或者是联系学生的父母和朋友。另外，趣分期不管是给学生提供分期购物贷款还是直接向支付宝账号汇钱的"白条"服务，都只能用来在网上消费，所以对借款人来说本质上只是数字的变化，接触不到现金。

　　根据么么贷内部工作人员了解到，对于信用卡还款这一项目，么么贷是直接将这一笔钱汇入借贷人的信用卡中，就是说借款人只能用这一笔钱来还信用卡而无法用于其他消费。借贷双方的信息是完全透明的，么么贷平台不参与资金保管。对于借贷人的信息审核，是通过银行、金融机构等大数据分析，从填写基本信息到系统自动审核、评级、确认是否通过，一共花费不到二十分钟就能结束。

　　在这些分期贷工作人员看来，大学生的逾期率高，但是坏账率不高。为什么呢？因为他们觉得无论如何学生都有家长的支撑。但是，不管怎样，我们都应远离这些贷款项目，为了让自己拥有美好的大学时光，也为了家庭的幸福。

004

线下私贷和民间借贷

◎ 线下私贷或许对我们来说很遥远，但有时也能影响我们的生活。什么是线下借贷呢？

　　线下私贷的主体是由放贷机构和放贷人组成的，也可以认为是我们俗称的高利贷。高利贷通常都会进行虚假宣传、线下签约、做非法中介、抬高利率，甚至还存在暴力催收的问题，受害者通常会遭到巨大的财产损失甚至威胁到自身安全。

民间借贷主要是指自然人与自然人之间、自然人与法人之间、自然人与其他组织之间的借贷业务。只要借贷双方当事人的意见是真实的便可立即生效，因借贷产生的抵押也会相应生效，但是借贷之间规定的利率不得高于法律规定的36%，如果超出的话，超出部分不受法律保护，是无效的。另外我们要知道的是，经过银行或者金融监管部门批准同意设立的从事贷款业务的金融机构或者其他相关机构，他们所进行的发放贷款等相关金融服务，不属于民间借贷的范畴。

起底线下中介

"现在的中介你不给他返佣他就不跟你合作，"已经找过了很多线下贷款渠道却屡屡碰壁的陈某自嘲道，"现在有客户的就是爷。"

陈某是一家持牌消费金融公司的工作人员，在行业中长期摸爬滚打的他，见证了线下消费金融业务的兴起，也见证了很多线下贷款中介的迅速崛起和相互厮杀。陈某对消费金融行业可谓是非常了解。但是，最近却有些事情让陈某很是烦恼：一个就是线下中介也就是渠道商收费越来越贵了，有时甚至还会狮子大开口；二是他发现渠道商经常向金融机构输送多头贷客户，却找不到方法阻止。陈某说："你随便找一家线下中介，即便你申请贷一百万，但是只有二十万的还款能力，他们依然会有办法替你办成。"而且陈某发现现在的线下中介是越来越难以控制了。

陈某非常担心线下渠道商的风险，但是为了谋出路，又必须走中介这条路。他现在依然没想好接下来的路应该怎么走，又应该如何去应对这混乱的中介市场。

事实上，线下中介的市场可谓是"丰富多彩"。

一、阻止不了的"组合套餐"，无法控制的多头贷

一名记者委托在校大学生张某以需要贷十万元作为创业基金为由向线下中介进行咨询，渠道商在听完张某的需求之后马上向他介绍了一套"组合套餐"："中银新易贷五万，平安新一贷三万，不够的话可以再向中国邮政申请几万。"

张某又以同样的条件向另一家渠道商申请，这家渠道商不一般，是被业内人士评为全国前三的摩尔龙（原易贷网金融），它们推荐的方案也是组合套餐。一位摩尔龙的前员工表示，上述这些"组合套餐"是行业内公开的秘密，并不是某个地区独有的，而是全国线下渠道商为满足客户贷款需求经常使用的一种手段。

线下渠道商能够很快地推出贷款"组合套餐"，是因为他们对每一家金融机构的申请、风控、授信等的基本原则都了如指掌，所以他们可以利用各个金融机构产品的差异性为客户设计出完美的"组合套餐"。

从上面我们可以看出来，渠道商才是线下一头多贷的根源。

二、恶性竞争催生暴利，中介轻松年薪过百万

在记者走访多家线下渠道商的过程中发现，几乎所有的线下渠道商中介都不关心借款人的还款能力和借款用途，只关心"要多少"和"多久要"，根据客户的资金需求量和申请缓急，为客户安排与之相符的贷款产品和收取相应的手续费。

例如，虽然学生的申请款额已经远远超过了其偿还能力，但是并没有一家线下渠道商对学生的偿还能力提出异议，而是想方设法为学生提供相应的贷款"组合"。利益，是他们唯一追求的。而且也有很多持牌金融机构都开展了线下消费贷款业务。线下的竞争异常激烈，很多相关从业人员在水涨船高的大势中获得了丰厚的报酬。比如，摩尔龙随便一个营销总监年薪都是两百万以上，其中在摩尔

龙发展最迅猛的时候，一位后台总监最高能够拿到八百万的年薪。

线下中介针对学生贷款有很多套路，一种是在办理贷款时，如果是手续费低的，很多中介都会将贷款的利率上调；另一种是贷款申请一半的时候，中介会告诉借款人资料有问题，然后趁机抬高价格。

民间借贷需要注意的事项

因为民间借贷属于私人交易行为，不受法律条款的约束，一旦借贷双方发生争议或者纠纷，当事人就可能会采取不正确的解决方式。除了在借贷关系生效之时认真写好借据，还需要特别注意以下五点。

第一，借款人必须留下书面借据，对借款时间、借款金额（大小写）、借款利率、还款时间进行详细书写，在法律上借款时没有明确约定利率或者没有约定的，均视为不需要支付利息。借贷双方必须在借款合同上签字、按手印，借据一式两份，每人各执一份。如果有担保人，需要将担保人的责任写在合同内，担保人签字、按手印。借据一式三份，三方各拿一份。

第二，民间借贷的利率可以高于银行利率，但是不能高于银行同类贷款利率的四倍。否则超过部分，法律不予以保护。当双方对于是否约定利率而发生纠纷时，需要提供证明，如果没有证明，就按照无息贷款处理。

第三，在签约的过程双方中若存在一方以胁迫、欺诈等违法手段，或者乘人之危，使对方在违背真实意愿的情况下签订合同形成借贷关系的，法律均认为无效。如果是因为出借人方的行为造成的无效，借款人只需要偿还本金即可；如果是因为借款人行为造成的无效，则借款人不仅要偿还本金，还需要偿还利息。

第四，如果出借人在明知借款人借钱的目的是从事违法行为仍然借钱给对方的，这样的情况是违法借贷，不受法律保护。

第五，如果是有担保人的借贷关系，在债务到期之时，应该由借款人偿还债务。如果借款人没有办法按时偿还债务或者无法取得联系的，则由担保人代替借款人偿还所有债务。

不规范的民间借贷或者私人贷款不仅对借贷双方的利益有所损害，还会对社会的经济发展造成不好的影响。因为民间借贷是不受金融监管的一种借贷方式，对于它的把控很容易失衡，一旦发生经济纠纷，会给司法裁决带来一定的难度。因此，借贷双方一定要事先熟悉相关的法律法规，知道借贷时双方应该注意什么，不要轻易地签订民间借贷合同，避免产生风险。

以上就是在发生民间借贷关系时需要注意的事项，如果十分需要借钱的话，大家一定要注意。还要记住的一点是，在借出钱的时候，写下的是借条，而不能是欠条。因为欠条的有效期从写下的那天起开始算，有效期只有两年；而借条是从到期日算起，还有二十年的时效。

怎样区分"套路贷"与"民间借贷"

区分"套路贷"与"民间借贷"的关键主要有以下几点：

一、借贷的目的是否有非法侵占他人财产的想法，这是两者的

本质区别

民间借贷的目的是通过向借款人放款从中获取利息收益，借贷双方主观都不希望出现违约的情况，出借人是希望借款人能够按时还款。而"套路贷"的出借人则是打着借款的幌子，通过一步步地设计、引诱，使借款人违约，被迫垒高债务，最终达到非法占有他人财产的目的。

二、是否具有"欺诈"性质

民间借贷关系的成立是建立在借贷双方自愿而且清楚双方真实意愿的基础上，而"套路贷"是具有诈骗行为。"套路贷"千方百计地设计，通过制造债权债务的假象来迷惑大家，非法侵占他人财产。

三、催债手段是否具有强制性

"套路贷"通过各种手段将借款人需要偿还的金额抬到很高，违背了借款人的本意。借款人很难甚至不可能自愿还款。因此催债人便会实施强制性手段软硬兼施或者借助诉讼等方式，最终逼迫借款人还款。

005

银行机构

一方面，由于校园贷市场的乱象，国家监管越来越严；另一方面，监管部门开始鼓励银行开展校园贷业务。赶走了高息的校园网络借贷平台，请来了银行正规军，暂停了不良平台的校园贷业务，校园贷问题是不是就会消失？

还是有一定难度。银行贷款服务对象一般都是有信用记录的人群和信用较好的人群，而在校大学生是刚开始脱离父母独立生活且没有信用记录的人群。银行怎样有效筛选合适的借款人群，怎样正确判断信用控制风险，怎样规避违约风险等，都是相当头疼的难题，而且让人无从下手。其中一个办法就是银行选择与学校合作，可以降低风险但是不能消除风险，可以通过调查家庭背景、落实家长的第二还款责任方等方法，在控制风险方面有所帮助。

大学生可以在银行贷款吗

大学生已经属于成年人的范畴，当然有向银行申请贷款的资格，在任何银行都可以办理贷款。但是因为在校大学生没有经济来源，也就没有办法提供收入证明，不具备还款能力，因此在向银行申请个人信用贷款的时候很难通过。不过，银行有专门针对大学生设立的贷款产品。

一、助学贷款

在校大学生如果有资金需求，可以通过申请助学贷款的方式减少经济负担，而且助学贷款的申请过程十分简单，如果申请助学贷款的在校大学生家庭生活条件差，无法按时承担正常的学费和生活费等支出，都可以通过提交相关材料进行助学贷款的申请。不过助学贷款是有额度限制的，本科生每人每年最高申请的额度不可超过八千元。

我们所说的助学贷款一共有四种，分别是国家助学贷款、生源地信用助学贷款、高校利用国家财政资金对学生办理的无息借款、一般性商业助学贷款。在这四种贷款方式中，国家助学贷款的资助力度最大，覆盖率最广，是助学贷款最常用的方式。

二、国家性质的创业免息贷款

国家对大学生自主创业的支持力度只增不减，因此银行愿意为大学生提供创业贷款。在申请时，需要大学生出示在读证明和申请的创业项目，然后提交给银行等待审批。如果大学生有工商部门的营业执照等合法经营证明，申请通过的概率还会大大增高，这样一来能够帮助很多有创业梦想的大学生顺利完成贷款，并且能够申请到较高额度的个人贷款。

对于在校大学生，就算是没有收入来源，同样也能够借助不同的方式完成申请，不同的只是方式，相同的是结果，都是得到银行的支持。有资金需求的学生，可以通过上面的两种方式完成向银行申请贷款的全部过程。

国家为大学生提供的创业贷款是有免息期限的，一般为一到二年，两年之后学生就需要支付相应的利息了。

办理助学贷款及创业贷款的相关事宜

办理助学贷款的具体流程有哪些呢？

首先学生需要提出申请，然后准备所需要的相关文件，填写完毕之后，申请表上还需要有完整且齐全的印章；其次是审核材料，需要有身份证明材料（包括申请贷款学生的身份证及其复印件、学生证或者是录取通知书、户口簿）复印件两份；审核通过后双方签订合同；然后才是发放贷款，银行按照合同约定的日期直接将款项发放到借款学生所在高校指定的账户；最后就是毕业之后偿还贷款。

大学生申请创业贷款的条件有以下三条：

1. 应届毕业生和毕业时间不超过两年的大学生。

2. 大专以上学历。

3. 十八周岁以上。

如果申请创业贷款，还需要知道以下流程：

1. 受理。首先申请人需要向大学生创业园管理服务中心提出申请，提交相关的申请材料，进行初审。

2. 审核。对初审通过的申请者及金额，由人社局、财政局等部门进行产业导向、企业规模、就业人数、注册资本等各项指标审核，并核定贴息金额。

3．公示。经评审通过的申请者和贴息金额由人社局和申请人所在单位或社区进行公示，时间一般为五个工作日。

4．核准。公示无异议之后，由人社局下发核准通知书。

5．拨款。相关部门根据核准通知书，财政局向申请者拨付资助资金。

6．大学生创业贷款申请材料。

银行能做好校园贷吗

其实，银行涉足校园贷款业务已经不是第一次了。早在2002年，信用卡便已在中国兴起，有数据显示在2006年我国大学生持卡比例为15.1%，2007年持卡比例上升到24%。但是因为大学生没有足够的还款能力且容易造成冲动消费，当时引起了很多校园恶性事件，给社会带来了严重的影响。最终银监会采取一刀切的方式下发通知，银行金融机构不得向未满十八周岁的学生发放信用卡，必须落实第二还款源。从此以后，银行便很少再涉足校园贷的业务。

如今的校园贷市场与以前的学生信用卡相比更加复杂且难以监管。造成这一乱象的主要原因是总有不良贷款平台利用诈骗手段使学生背上巨额债务。如果是正常的借贷关系，学生还是很注重自己的信用积累的，一般都会想尽办法按时还款。但是让人头疼的是，学生往往因为金融安全意识差被骗而产生负债，但自己却仍被蒙在鼓里。因此在做好风险控制的同时还要谨防诈骗。

银行进军校园贷业务，起码有一点是可以保证的，那就是他们办理的业务是正规业务，可以减少被骗的风险甚至不会受骗。但是十多年前银行做校园贷业务集体失败，如今的银行能做好校园贷吗？

值得注意的是，在校学生在央行征信体系中是没有任何信用记录的，但他们却是"网生"的一代，浏览器里有他们浏览的痕迹，淘宝、京东等电子商务平台有他们购买的脚印，《王者荣耀》《阴阳师》等手游中也有他们花费的时间和金钱……

这也就意味着传统的消费金融模式对他们来说已经过时了，银行如果依然按照传统的模式提供贷款业务，显然无法对大学生群体完成授信。银行如果想要精准地对大学生进行授信，就必须有一套针对网络大数据的风控系统。这一部分正是当下银行进军校园贷款所缺失的重要部分。

一位银行负责人说道，银行在向互联网金融转型时有两个关键：一是银行没有互联网金融等流量入口；二是银行在 AI 和数据处理等技术上能力不足。虽然现在银行已经开始重视金融互联网化，但仍有很长的路要走。

更重要的一点是，银行根本就无法真正触及大学生群体与金融相关的网络信息。因为银行缺乏大学生所热爱的流量端口，不管是商城还是游戏或者是社交群、搜索引擎，这些都是互联网金融公司的核心数据，当然只会牢牢控制在自己手中。

如果银行想要做校园贷，就要提前掌握这些数据，然后才能更清楚学生的需求。得到这些数据的方法只有一个，就是与大学校园贷市场相关数据的互联网金融公司合作。

实际上现在已经有互联网金融公司与银行合作了。这样一来，银行一方面可以减少客源的获取成本，另一方面可以根据合作平台的经验在一定程度上规避骗贷的情况。之后银行便可以按照自己的风控体系，再进行一轮筛选，从而获得优质客户。而与银行合作的校园贷款平台则可以为自己原本的客户提供成本更低的贷款，实现双赢。

第三章

校园贷的几种骗局

　　校园贷几乎成为社会上灰色行业的代名词，每个人都谈之色变。是什么导致了这个新兴行业的乱象？又有多少不法分子为了从中牟取暴利而做着违法的勾当？又有多少单纯的大学生正在被校园贷祸害？不良校园贷总是猝不及防地出现在学生的生活中，总是有各种各样的手段诱骗涉世未深的他们。

校园贷之"美容贷"

你听过美容贷吗？美容咨询十分钟，就能贷到几万元，如果反悔就要扣掉一万元的违约金……这些正是经历过美容贷的人的遭遇。对于大学生而言，他们的"暑假清单"中有"隆鼻""割双眼皮"等。正是大学生有这类需求。为此，各类美容院打着美容旗号，开始了新的诈骗。

十分钟，三步骤，女大学生贷款三万五

一年暑假，女大学生小朱在北京旅游，途中偶遇美容院的工作人员，在工作人员的"指导"下，她只用了十分钟就从网贷机构贷到了三万九千六百元的美容手术费。而在手术之前，小朱察觉到了异样，要终止手术，却被要求缴纳一万元的违约金。

据小朱回忆，当她从地铁中出来时，看到"扫码有奖"的标志，在一旁又有一个中年妇女告诉小朱"扫码就能中奖"。聊天中，中年妇女得知小朱是大学生，于是告诉她，最近美容院正在做暑假免费美容的活动。小朱心动了。

随后，小朱跟随那名中年妇女来到一家美容整形医院，院内工作人员为小朱推荐了一款"隆鼻"手术，价格为三万元。小朱告知对方自己没有能力支付，对方便建议小朱，只需要做一次信用额度测试即可做此手术。

小朱同意了。于是，院内工作人员拿小朱的手机下载了一款贷款 APP，并向她索要了个人信息，十分钟后平台办理了贷款手续并发放了贷款。不过，这笔贷款并没有打到小朱个人账户，而是直接打到了美容院的账户上。小朱则需要在十八个月内连本带息偿还三万九千六百元。

小朱的故事是不是让你觉得不可思议呢？原本出来玩，不曾想却背负上了几万块的债款。为此，要告诉每一个大学生一定不要轻信市场上的美容贷。美容一定要量力而行，即便要贷款，一定要到正规的平台贷款，千万不要相信陌生人介绍的贷款平台。另外，对于个人信息一定要谨慎保管，不要轻易泄露给别人。

揭秘美容贷幕后真相

自从校园贷因高利率等一系列问题，被相关机构监督后，就退出了市场。可是另外一些非法组织却披上了华丽的衣裳，专门瞄准那些缺乏社会经验、金融消费知识的大学生群体。美容贷就是其中之一。

我们从多家美容整形机构的网站中都能找到"零首付""零利息"的医美分期服务。另外，近些年，随着国内医美市场规模不断扩大，一些互联网金融公司以及一些金融消费平台也进入这个行业之中。

互联网金融和不同行业相结合，是未来发展的必然趋势。但由于近些年发展起来的美容贷等，都属于新生事物，其相应的监管滞后。那些美容机构承诺无利息、无手续费的宣传，听上去很方便，

事实上却暴露出背后很大的问题。

　　没有任何一家互联网金融公司会做没有利益的事情，只不过利润不在明处，而在暗处。在美容机构和贷款平台之间还有美容贷中介，他们的合作一般体现在分成上，中介可以拿到贷款额的30%，甚至是60%的提成。

　　在这种"里应外合"之下，医院以及美容机构可以吸引更多的客源，还能拿到不菲的分成；贷款平台有了客户；中介赚取了佣金。只有大学生被步步诱导，最终欠下了"一屁股债"。

大学生要怎么预防美容贷

　　当我们走进整形美容机构，才会发现变美的代价动辄就是几万、十几万，工作人员还会热情向你介绍，可以选贷款，分期付款等不同付款方式。但是，我们需要透过现象看到问题本质。美容贷不过是变相制造需求，增加资金端。为了避免更多大学生落入骗子的陷阱中，我们应该学习一些防范美容贷的小方法。

　　一是禁得住诱惑。古话说"天上不会掉馅饼"。贷款美容还不收利息，世上哪有这么好的事情呢？凡事都需要通过自己的劳动，才能有所收获。为什么生活中会有很多人被骗？不仅是因为骗子的手段"高明"，更因为受害者在面对诱惑时，不能理性抵制，这才让骗子有了可乘之机。

　　二是拒绝过度消费、超前消费。大学生屡遭美容贷陷阱，就说明了一个问题：他们过度、超前消费。为此，大学生一定要树立正确的消费观，养成勤俭节约的好习惯，才能让美容贷陷阱不攻自破。

　　三是保护个人信息。当大学生看到"免费""优惠"等字眼时，很容易冲昏头脑，不假思索地将自己的个人证件出示、复印，不细看就在合同上签字。这些反映出大学生缺乏防范意识，不知道保护自己的个人信息。为此，在生活中遇到需要出示个人证件的事情时，一定要三思而后行。

四是学习基本的金融知识。大学生想要避免掉入类似美容贷的陷阱，在平时需要学习一些基本的金融知识。比如，将信用消费作为常识融入大学生学习当中，进一步帮助大学生建立信用意识，学会恰当使用金融工具。

002

校园贷之"高利贷"

大学生为了满足更多的购物需求，需要大量的金钱。可是由于经济限制，有些人就会将目光投向高利贷平台。这些高利贷平台贷款快捷，不需要任何抵押担保，借款利率比银行还"低"。在诱惑之下，就有不少大学生走向了高利贷的深渊……

关于高利贷的相关概述

高利贷指索取高额利息的贷款。按照《最高人民法院关于人民法院审理借贷案件的若干意见》第六条规定："民间借贷的利率可以适当高于银行的利率，但最高不得超过银行同类贷款利率的四倍。超出此限度，超出部分的利息不予保护。"

高利贷存在趋利性、隐蔽性、不公平性等特点，极大地危害了正常的金融秩序。为此，大学生在签订高利贷合同时，一定要看清合同再填写，避免事后吃"哑巴亏"。与此同时，日后还款出现问题时，合同是向法院提起诉讼时的有力证据。

当前高利贷普遍存在两个陷阱：一种是出借人和借款人在借条中故意逃避法律，借条中并不会写下具体的高额利息，而是将利息直接写入借款本金中；另一种是当借款人拿到借款时，利息会被提前扣留。这类案件起诉到法院时，因证据缺乏，法院只能根据证实予以处理。

为什么大学生会走向高利贷

近年来，越来越多的平台进入大学生信贷市场。无论是购买手机、电脑，还是旅游、生活，都可以通过分期付款。毫无疑问，各大平台都抓住了大学生没钱但消费超前的特点进入高校市场，这也导致更多大学生走上了高利贷的道路。

一、超前消费，促成校园高利贷

当前，在大学校园中已经形成了攀比风气。不少大学生在花钱方面大手大脚，拥有信用卡是一件再普通不过的事情了。他们平时和同学们外出吃饭少则花两百元，多则要花四五百元，每个月还会去聚会、唱歌，这些娱乐活动至少也会花掉小一千元。所以大学生不办信用卡实在扛不住了。

正是当前大学生的这种消费心理，导致不少个人以低门槛引诱大学生借贷，随后再用高利息敛财。放款人之所以会选择在校大学生为目标，重要的原因之一是大学生在校期间人不会跑掉，放款十分安全。此外，大学生淡薄的法律意识，也是促成放款人进行校园高利贷的因素之一。

二、网购加剧大学生信贷发展

如今，大学生网购已经势不可当。当他们将有限的生活费花完之后，并没有停止网购行为。在发达的网络世界中，他们通过网络借贷，满足自己的消费欲望，随后逐月还款。由于贷款门槛低，又进一步推动大学生非理性消费，让更多大学生身陷其中，难以自拔。

三、国内政策保障大学生信贷

央行叫停了银行对大学生透支一千元以上的信用卡，真可谓用心良苦。此举是不希望大学生在上学期间就背负过重的债务。不承想却让民间的借贷钻了空子。虽然说大部分大学生都已经是成年人，可是他们并没有形成成熟的消费观，贪慕虚荣让他们超前消费，也就走上了高利贷的道路。

大学生经常误入的高利贷套路

套路一：借点短钱，利息不会很高？

在校园高利贷中，借贷商经常会利用"借贷额不高，但会让你越借越多"的套路。放贷者为了引诱大学生借款，最初只会提供三千到五千元的贷款金额，另外贷款期限较短，短期内产生的利息金额不高，借款人不会很敏感。可是加上各种手续费后，实际利息却十分高。一旦大学生无法及时偿还贷款，就会陷入拆东墙补西墙的恶性循环中。

套路二："砍头息"坑人不轻

你听过"砍头息"吗？简单来说，就是放高利贷的人在给借款人发放本金时会扣掉一部分要付的利息钱，这部分钱就是砍头息。我们举例说明一下：某大学生向高利贷借了十万元，可是放款人在给借款人汇款时会直接将二万利息扣除，只给借款人八万元。但借据上放款人还是给借款人开出了十万元的借据。简单来说，借据金额要大于实际借款金额，而大学生群体缺少自我保护意识，即便感觉此过程存在问题，也不敢说，只能任人摆布。

套路三：巧妙规避法律风险

为了更好地规避风险，一些高利贷机构会采取更隐蔽的手法。因为法律不保护高利贷，为此放款人会要求借款人到银行转账并拿走现金，从而留下银行流水作为证据。比如，放款人和借款人一起到银行转账，放款人会根据承诺取二十万元汇到借款人的银行卡中。

随后，放款人会让借款人取出十万并拿走，借款人并不会拿到还款单。这样一来，到最后借款人拿到手的只有十万，可银行流水却显示有二十万的账目出入。

校园高利贷的危害

大学生在缺钱的情况下，很容易走向高利贷。却不知，高利贷的危害会有多大。

一、掉进"以贷养贷"的陷阱

如果大学生通过正规渠道贷款，每个月按时还款还算轻松。可是一旦借了高利贷，高额利息就会让你很难按时还上，无奈之下大学生只好用新的贷款还旧的贷款，从此就步入"以贷养贷"的恶性循环中，一直到最后利息越滚越多。更需要注意的是，一些高利贷会故意设套，要求女大学生借款人"肉偿"，或介绍"特殊工作"来偿还贷款，导致女大学生借款人从此步入深渊。

二、遭受"暴力"催款

正规贷款机构在催款时，一般态度温和，不会采取过激行为。而高利贷机构为了索要欠款，一般会不择手段，电话、短信轰炸都是小儿科，墙上喷漆、门口泼粪、让艾滋病患者帮忙催收等各种奇葩招式屡见不鲜。更有甚者，一些高利贷放款者还会和黑社会合作，直接到借款人家中打砸，威胁还款。

三、借款人做出极端行为

在高压催款情况下，一些借款人会选择"人间蒸发"，甚至有些人还会走上诈骗、抢劫等违法犯罪的道路，更有甚者选择自杀……

无论是哪一种，都是我们无法承受也不愿意看到的。所以，大学生在缺钱需要贷款时，一定要找正规贷款机构。

003

校园贷之"多头贷"

 多头贷指单个借款人同时向两家或两家以上的金融机构提出借贷需求的行为。一般情况下，多头贷意味着高风险。借款人同时向多方借贷也足以说明其资金需求出现大困难，应考虑到其还款能力。

在生活中，不少大学生第一次借贷可能只是因为一些小事情，比如买苹果手机、外出旅游等。不过，在没有稳定收入之前，贷款只会像是滚雪球一样，越滚越大，尤其是在小平台上借贷，其利率最终高到吓人，最终大学生只能从其他平台借贷，然后以贷还贷，最终沦入多头贷陷阱。

校园多头贷，你想象不到的"黑洞"

根据相关数据显示，多头贷用户的逾期风险是一般贷款人的三到四倍。而贷款人每多申请一家金融机构，其违约概率就会提升20%。究其缘由，就是这些进行多头贷的大学生不得不以新贷还旧贷，或者消费金额不断加大，导致债务不断积累。

这是2015年发生的一件真实案例，一名大二女生小谢就读于河南某高校，她家境贫寒，每个月家中都要想尽办法为她筹集两千元的生活费。可是，有一个月家里没有及时给她汇生活费。情急之下，小谢向某个平台借贷了两千元。随后，小谢又借贷了六七次，每次只借两千元，一直到借完该平台的额度。

小谢在这个平台上借贷的钱还没有还完，又不敢和家里人说。后来她通过别人介绍又从两个金融平台上借贷了一些钱，才把第一个平台上的账平了。小谢万万没有想到，这时她的噩梦才刚刚开始。小谢从几个平台上借了还，还了借，恶性循环之后足足欠下二十多万元的贷款。

类似的案例并不在少数。陷入多头贷的大学生，无不是因为第一笔钱没有如期偿还，本想着从另一家平台借钱偿还缓解一下，却不承想因不了解贷款利息、违约金等知识，最终稀里糊涂背上了沉重的债务，债务越滚越大，拆东墙补西墙，整天过着担惊受怕的生活。

为什么多头贷如此盛行

为什么大学校园内的多头贷会如此盛行呢？一方面是因为一些银行、互联网金融公司等相继推出了个人贷款业务，一些工作人员为了提升用户流量或争夺客户等原因，将授信门槛降低。另一方面，大学生的购物、消费欲望增强，他们抵挡不住诱惑便主动寻找借贷平台。

当然，更多原因是因为各家现金平台以及数据征信公司的核心资源就是客户数据，他们之间不会随意共享，为此想要确切知道某个贷款人的具体贷款情况是有一定难度的。各个现金贷款平台对于贷款人的审核只能停留在其个人信用记录以及还款能力等静态消息中，却无法获知他在其他平台的贷款情况等动态消息。

不过随着金融科技的发展，大数据在处理个人信息时的优势就会彰显出来，可以对用户资料进行数据记录、整理，从而判断用户是否存在多头贷的可能性。

多头贷款申请时应该注意什么

当前，不少大学生存在多头贷的情况。如果不得以必须选择多头贷时，一定要注意以下几个方面：

一、同时申请两家银行进行贷款

一般来说，落"贷"为安的1～2个月之后，负债情况才到达信用报告。不过，千万不要认为这是系统存在漏洞。如果你的胃口过大，同时向4～5家银行贷款，建议取消此念头。因为申请银行贷款时，工作人员会第一时间查询个人信用，而此举将会被信用报告中的"查询情况"一栏所记载。在短期内，如果你的信用报告显示被查询次数过多，且都是因为申请贷款所致。那么，你将很难顺利实现借贷。为此，最多同时申请两家银行借贷才是明智之举。

二、当银行遇到民间借贷

如果你想要同时向三家银行借贷，恐怕很难实现。此时，一些民间金融机构会帮你解燃眉之急。不过，两者之间的还贷顺序要安排好。最好，以民间机构为先，银行贷款随后，如此多头贷的"劫难"才能顺利渡过。

三、额度适当，避免被多头贷款"砍"伤

多头贷是一把双刃剑，你可以享受到超前消费的快乐，但是如果使用不当会被其"砍"伤。一般情况下，不到万不得已的时候，不建议采取多头贷。为考虑日后的生活压力，建议申请较长的还款日期，这样每个月可以相对轻松还贷。

四、坚持每月按时还款

如果确定要申请多头贷，一定要做好按时足额还款计划，避免个人信用被破坏，避免产生不必要的滞纳金。

多头借贷对征信有很大的影响

多头贷的产生和很多因素有关。虽然，多头贷本身并没有过错，但却存在很大的风险隐患。一般多头贷都存在着较大的信用风险，比如借新还旧，以及同时间内出现大笔多头借贷需要还款。一旦大学生出现多头贷的情况，那他就有可能在"拆东墙补西墙"。

贷款平台会对借款大学生的个人信用记录、经济来源、还款能力等进行审核，在其还款能力之内的才会发放贷款，并需要对方提供一定担保。在多头贷的情况下，贷款人一旦无法及时还贷，必将会产生坏账的风险。

简而言之，一旦多头借贷出现问题，也就意味着你的征信中会出现多头贷的信息。这类信息一旦被银行等金融机构察觉，就是发出了不予发放贷款的通知。以后，即便你再遇到重大困难，急需资金，也很难从相关金融机构顺利获得贷款了。

004

校园贷之"培训贷"

◎ 随着一些大学生因无力偿还校园贷自杀的事件发生，相关部门开始对校园贷严厉监管。如今，很多大学生都在防范校园贷，他们已开始清醒认识到了校园贷的危害。可是，大学生们真正远离校园贷了吗？并没有，事实上，许多校园贷改头换面成了"培训贷"。

什么是培训贷呢？它指培训机构和P2P网络贷款机构进行合作，对培训者进行贷款，让贷款者以分期方式进行缴费的贷款模式。如今，很多招聘公司（本质是培训机构）借着招聘形式，对求职者进行高额培训，实质上却是做着发放培训贷的勾当。

躲过了校园贷，却倒在了培训贷的坑

2016年，我国上演了各种"培训贷"骗局。不少刚步入社会的大学生因此而被骗，小丽就是其中的一个。

小丽是一名刚刚毕业的大学生，她所在的学校没有知名度，自己也没有任何工作经验，面试过几家公司后均没有被录取。此时，有一家培训机构给她发出邀请函，经过两轮面试之后相关负责人告诉她，她专业技能不够，很难入职。这时培训机构相关负责人称，如果小丽想要得到这份工作，可以为她提供培训，只不过需要缴纳培训费。当然，公司可以先垫付，等培训完入职之后可分期偿还。因为小丽太需要这份工作了，所以她想都没想就签订了贷款协议合同。

很快小丽的培训结束了，可是小丽并没有被录取。培训机构表示，小丽的培训成绩不合格，为此公司不能录取。更令小丽意想不到的是，她居然还收到了催款短信，她欠公司三万元的培训费，需要在两年之内全部偿还。小丽找公司理论，公司却以小丽没通过培训是个人能力原因为由，拒绝为其培训买单。

类似的案件并不在少数。一些公司利用刚毕业的大学生着急找工作的心理进行诈骗，引诱受害者自愿签订合同，导致受害者难以维权。为此，刚毕业的大学生一定要认清培训机构。一般正规培训机构都有办学资质，培训资质都需要经相关部门审核，而诈骗机构的相关手续资质都比较简单。

培训贷的套路

为了避免更多大学生掉入培训贷的火坑，我们需要了解培训贷的如下几点套路：

一、举办讲座，收集大学生信息

一些培训机构利用大学生毕业之后想要谋得一份好工作的心理，在校园内会举办免费的就业讲座。讲座可以免费让大学生听，可是每一位听讲的大学生都需要留下自己的联系方式，主要是手机号码，这样他们就掌握大学生的基本信息了。

二、集中营销，邀约上门，给大学生洗脑

在获知求职大学生的基本信息后，培训部门就会安排营销人员联系大学生，并为其提供免费测评邀约。在大学生咨询过程中，培训机构通过各种话语打击求职者的心理，让求职者认为自己毕业后会因自身能力不足而无法获得高薪工作，唯有通过培训才能获得更好的前程。

三、协助贷款，高违约成本

由于培训机构承诺培训结束后会推荐高薪工作，很多求职大学生就会相信。当求职大学生被成功洗脑后，就会面临支付高额培训费的问题，对于求职大学生而言是一笔巨额开销。此时，贷款悄然登场。当然，有些求职大学生得知需要缴纳高额培训费后，也会选择放弃。这时，培训机构就会抛出诱饵，承诺可以在工作之后还贷款。这样，很多求职大学生就会答应贷款培训，并将贷款支付给培训机构。接下来，求职大学生就要接受培训了。事实上，这些培训大多是网上的一些理论知识，并没有太大的实际用处。一旦求职大学生发现上当，想要放弃并要求退款时，就要承担高额违约金。一些求职大学生因拿不出那么多违约金，只好选择忍气吞声了。

陷入培训贷骗局如何维权

当大学生遇上培训贷款骗局时应该怎么办？一般情况下，如果签订了贷款合同和培训合同，维权会变得异常困难。据相关律师表明，大学生属于完全民事行为能力人。只要他们和贷款机构签订的借贷条款也符合法律，即便培训机构没有培训资质，培训合同也还是有效的，贷款还是需要按照合同进行偿还。如果大学生要维权，需要在培训和贷款存在非法的前提下，通过以下三种途径进行维权：

一、如果大学生在签订培训合同和贷款合同的过程中，存在被胁迫等情形，大学生可以请求法院撤销培训合同、贷款合同。不过，必须要提供自己被胁迫等情形的事实证据。

二、培训机构没有履行培训合同中的义务。如果培训机构没有履行相应的义务，大学生可以向相关部门提出培训机构主动违约，如向消费者协会投诉、向工商部门投诉、向法院提起诉讼等。另外，大学生可以根据违约情况的不同，要求培训机构继续履行合同义务或者赔偿损失等。

三、培训机构跑路。如果培训机构没有履行义务就消失不见，那么其就涉嫌诈骗。受骗大学生可以到当地公安局报案，也可以向消费者协会、工商部门投诉。

需要注意的是，虽然维权行为可以终止或解除培训合同，但是大学生和借贷机构签订的贷款合同还是有效的。除非法律或贷款合同中明确规定，培训合同终止的同时，贷款合同也终止，否则大学生还是需要依法偿还贷款。

如何避开培训贷

大学生想要避免掉入培训贷的坑中，一定要端正心态，具体从以下几方面考虑：

首先，大学生一定要端正自己的心态，不要一心想着毕业就能找到一份高薪工作，另外也不要认为通过简单培训就能让自己拥有"超能力"，一个人的成功是需要慢慢积累的。

其次，对于各种培训辅导，需要量力而行。大学生需要充分考虑自身经济承受能力，从容应对，不能为了培训而盲目贷款，徒劳增加自身负担。

总之，为了避免给自己带来不必要的损失和伤害，最好的方法是无论在求职过程中还是听讲座时，但凡遇到有人诱导接受岗前培训、职业培训，一定要保持冷静的头脑，直接或间接表明自己不会接受培训，从一开始就远离培训贷的骗局。

005

校园贷之"刷单贷"

微信群或 QQ 群中经常会出现网络刷单兼职工作的广告，这些平台会先收取兼职大学生的钱，然后让其无休止地刷单，一直到兼职者的钱全部刷完都不一定能做完任务。虽然现今这种骗局早已老套。但是如今，在生活中又出现一种新型的刷单骗局。

网络刷单新骗局，贷款刷单

　　大学生生活相对清闲，所以不少大学生想要兼职挣点小钱。这不，有一位大学生李立遇到了一件让他一生都难忘的事情。他发现身边有同学在做兼职赚钱，刷一单可以挣到五百到八百元，李立很是羡慕。于是，李立通过朋友联系上做兼职的学长。学长告诉他，这是一份贷款刷单的兼职工作，只需要在手机上下载贷款平台，进入平台贷款，成功后将钱还给平台工作人员还贷款，然后由工作人员取消贷款就完成了刷单。

　　听完学长的介绍，李立认为这份兼职很适合自己，反正玩手机也是玩，随便点一点就能挣钱，是一份不错的兼职工作。于是，在这位学长的介绍下，李立联系上贷款平台的客户。客户告诉李立，每完成一万元的贷款，李立就可以获得五百元的佣金。

　　为了安全起见，李立先接了一万元的订单，客服直接给他打去了五百元。一个月之后，李立并没有发现贷款平台催着他还款。于是，他认为这真的是刷单兼职。在随后的三个月期间，他先后刷了五单，一共六万元，他一共获得了三千元的佣金。可是，正当他满心欢喜的时候，他接到了贷款公司的还款电话，电话那头要求他偿还贷款。

　　李立第一时间联系客服，不承想，客服早已消失得无影无踪。于是，他又去找学长，可学长比他还难过，因为学长先后已经刷了十多万元了，每天都在接催债电话。不得已两人选择了报警。

　　那么，这到底是怎么一回事呢？原来，骗子冒充客服人员找人刷单，而每单都让受害人填写的还款日期是一个月。当骗子拿到贷款之后，每个月都在偿还逾期贷款，这也是为什么受害者在一个月之后并没有收到还款信息，便误认为自己已经还完贷款了。

　　骗子利用这种方式提升自己的信誉度，让更多受害者做宣传，拉更多人为他刷单贷款。直到骗子筹集到一定资金抽身离去后，贷款公司才因收不到逾期利息才会和当事人提出偿还贷款一事。

需要注意的是，贷款公司并不存在欺骗行为，为此贷款金额还需要当事人自己还款，虽然警察会尽量侦破案件，返还赃款。这里要提醒大学生千万不要贪小便宜，来钱越轻松的工作，越要小心，天上不会掉馅饼，"轻松"的背后就会有一个"陷阱"等着你。

"诱人"的骗术 先"给钱"后刷单

众所周知，刷单赚钱是一种骗局。一般情况是先哄骗付款，等确认后再将钱还给你。当你付款之后，就发现怎么也联系不上对方了。但是，如果先把钱给你，再让你刷单，你会怀疑到这是一个骗局吗？

近期一些高校校园中不少大学生到派出所报警，他们表示，在网上刷单时被诈骗了。随即，派出所成立了专案组，对此类案件进行侦查。不久，诈骗案被侦破了。据嫌疑人交代，他们会在大学生兼职群中散发兼职刷单的信息，表示只要大学生提供真实的个人信息，他们就会把钱汇到兼职人员的账户中。总之，不需要自己垫付刷单资金，就可以兼职赚钱。很多大学生都信以为真，可是真的会有这样的好事吗？

不会。真相是这样的：当骗子拿到这些个人信息之后，他们就会到网络贷款平台去贷款，然后将贷款当作报酬汇到大学生账户中。当大学生收到这些钱之后，就会信任这件事。可那些受骗的大学生并不知道，账户上的钱其实是他们自己贷款的钱。当他们刷过几单金额不大的商品后，骗子就会以系统故障等理由，让被害大学生将剩余的资金汇到所谓的公司账户中。不久之后，被骗大学生就接到还贷款的短信或电话了，之后就再也联系不上骗子了。

通过学习相关刷单贷被骗的案例，希望更多大学生能擦亮眼睛，千万不要被一些蝇头小利所惑，而背负上沉重的贷款。

怎样避免陷入刷单贷

那么，大学生要如何规避刷单贷呢？下面提出几点有效建议。

一、增强法律意识

不要轻易让别人拿自己的身份信息办理各种业务，不要用自己的身份证信息帮助别人办理各种业务，不要轻易将自己的身份证拍照或复印给外人，更不要轻易在文件中签自己的名字，否则出现任何后果都需要负相应的法律责任。

二、不要隐瞒过错，企图自己解决

如果贷款超过自我偿还能力，大学生一定要积极主动向家人等反映真实情况，寻求帮助。如此，可有效避免事情朝着更糟糕的方向发展。

三、一旦发现被骗

要及时向校方反映情况，拨打 110 报警。

006

校园贷之"套路贷"

何谓套路贷？指借款人无法按时偿还贷款时，一些平台会主动引导，让借款人从其他平台借钱还债，为此使借款人陷入了连环陷阱中。另外，类似的现金贷平台还打着"低利息""零利息"的旗号。事实上，等借款人真正借款后，才发现杂七杂八的款项加起来，利率比起其他普通贷高得吓人，这些就是典型的套路贷！

当前套路贷的几种模式

套路贷在本质上来说属于违法犯罪行为，法律是不会保护其本金和利息的。接下来，让我们一起了解关于套路贷的几种模式。

一、B 区典型模式

这种模式是以团伙的形式对未成年或者刚毕业的大学生进行诱骗。他们有中介团伙和资方团伙相互配合，通过放高利贷、银行走流水的手段诱使大学生或未成年人签下比实际借款要高的借条。催还款的时候，又会以恐吓、侮辱性的语言来达到获得金钱的目的。这些都是不法分子精心设计的套路，通过这样的方式让借款人的债务在非常短的时间内以几何式的速度增长，然后通过违法、不正当的手段将借款人的财产非法占有。

二、J区典型模式

在该区套路模式中，具有非常高的"专业性"。犯罪嫌疑人通过成立公司，利用合法的外衣来掩饰自己非法圈钱。他们通过公司经营向社会经验不足的人放出高利贷业务，让借款人签下虚高的借条，之后在催款过程中使用暴力恐吓、非法拘禁等手段索要债务。需要注意的是，这种模式下的套路贷是有律师参与的，他们通过篡改借条，用虚假诉讼的手段实现自己的诈骗目的。

揭秘套路贷的常用套路

从法律上来讲，套路贷并不是一个罪名，而是指放贷人或机构在借贷过程中采取欺诈或违法手段，进而获得不正当的利益。套路贷套路很多，有的相对隐蔽，有的相对公开，还有的是在挑衅法律的威严。接下来，就让我们一起了解，关于套路贷的几种套路吧！

一、放贷前的套路准备

在签订借款合同之前，大学生一定要详细浏览合同中的条款。因为套路贷的相关负责人会在签订合同时，给你挖一个大坑，比如抵押、担保、"看点费""手续费"等。而对于法律不允许的条款，他们会通过"阴阳合同"进行掩饰，还美其名曰是为借款人着想。

二、还款中的套路

对于一些线下规模不大的贷款公司而言，其违约金比重较大。为此，很多套路贷中会故意让借款人违约，一旦借款人违约就要缴纳高额的违约金。比如，某个套路贷公司，要求在每周五下午六点之前还款，当借款人在还款时却突然联系不上对方，一直延迟到六点十五分才缴上还款。此后就被要求额外缴纳几千元的违约金。如果还款是在网络上操作，他们会通过设置系统故障等进行套路。

三、催款中的套路

在催款中有太多的套路了。首先是对借款人的骚扰，包括对与借款人相关联的人进行骚扰。其次就是上门催要，他们会通过在墙上喷侮辱性的文字、烧纸等方式，逼迫借款人还款。最后，还会使用一些带有暴力倾向的方式催款，借款人只要稍有反抗，就可能被殴打，甚至还会被非法拘禁。

四、逾期之后也会有满满的套路

借款人逾期之后，套路贷公司会通过暴力行为让借款人还上欠款。可是这并没有结束。他们还会继续让你缴纳高额违约金。当然，如果你还是没有钱缴纳，那问题就更严重了。比如，在签订车辆担保贷款中，他们会开走你的车，当你讨要车子的时候，高额的违约金以及拖车费用，又是一笔不小的债务。

五、没钱还？还有套路等着你

如果借款人实在没钱还，你以为他们会让你吃"霸王餐"吗？他们有的是套路。除了非法处理你的担保物品之外，他们还会"好心"帮你联系其他小贷公司，让你再借钱还贷。这些钱很容易被借来，可是这些借来的钱根本到不了你手中。事实上，有很多套路贷公司是相互之间有联系的，在这样以贷还贷过程中，从借贷十万，以致利滚利变成一百万是一件再容易不过的事情了。

上述这些就是套路贷常用的套路。当然还有一些套路并没有被列举出来。另外，这些套路也还在不断变化着。在这里需要提醒大学生，当你缺钱时尽量通过正当途径借款，避免深陷到套路贷中。还有一点需要指出的是，套路贷属违法犯罪行为，一旦自己的人身或财产遭到侵害时，要及时向当地公安机关报案。

最容易中招的五类大学生

在套路贷中，哪些大学生更容易上当受骗呢？主要分为以下几类。

一、贪图虚荣的人

这部分大学生有着强烈的虚荣心，他们为了满足所谓的"面子"，生活中会有很多消费。一旦钱不够用时，他们很有可能会选择高利贷……

二、缺乏常识的人

这部分大学生不同于上一种人，但相同的是他们花钱大手大脚，等到没钱消费时，只能将欲望之手伸向高利贷。归结其缘由，他们对金钱没有概念，不具备理财能力。

三、单纯的人

这部分大学生如同是一张白纸，在复杂的社会环境中，他们容易轻信别人，很难听从父母、老师的劝告，最终深陷泥潭之中。

四、争强好胜的人

这部分大学生认为父母的唠叨是"废话"，他们更多的是想向父母证明自己。可是一旦他们深陷套路贷，就没有挽回的地步了。此时，他们不得不告知父母，自己被套路贷坑死了。

五、一群爱"杠"的人

这部分大学生对于父母的话总是嗤之以鼻，如同还在叛逆期一样，父母不让做的事情，非要做。父母不让借款，他们非要借，甚至还认为不过就借万把块钱而已，有什么严重的呢？到最后可想而知。

007

校园贷之"裸条贷"

◎ 裸条贷又称"裸贷"，是指进行借贷时，以借款人手持身份证的裸体照片作为借条。值得注意的是，女大学生用裸照获得贷款，一旦违约还不上欠款后，放贷人就会威胁公开借款人的裸体照，还会以联系借贷人的父母为手段，进而逼迫借款人还款。

在 2016 年 11 月份泄露的 10G 裸条数据，将裸条贷推上了风口浪尖。甚至有一些借款仅仅只有两千元，真是令人不胜唏嘘。到底是什么原因，让女大学生不惜几千元把个人隐私拿出去"卖"？裸条贷存在的根源到底是什么？

裸条贷是校园贷的最后一环

对于一般人而言，即便有人会给你很多的钱，也绝对不会去拍裸照，还将个人隐私消息交给对方。不过，如果有人已经债务缠身，还被一群人威胁。那么，真的会有人这样走上这条不归路。

我们从裸条数据透漏出的支付宝信息中可以得知，有的女大学生两千五百元的支付宝信用额度只剩七十元，也就是说，当她在进行裸条贷之前，真的已经走投无路了。

那么，女大学生到底是怎么一步步将自己推进这个深渊当中的呢？大部分情况是这样的：一个女大学生想购买心仪的包包、iPhone 手机等，可是家庭不富裕，生活费拮据。这种困难真的可以难倒她们，让她们和心仪的东西擦肩而过吗？不！难道她们会努力赚钱去买吗？不！在校园贷铺天盖地的情况下，她们选择了通过借贷来实现梦想。或许，刚开始的借贷利率并不是很高，额度也不是那么大。但是，女大学生在没有任何收入的情况下，再小的额度也是一种负担。当她们没有能力偿还贷款时，就会从其他平台借贷偿还上一家的贷款。随后，信用降低，利率会越高，很快就变成了高利贷。

另外，随着时间推移，欠款会越滚越大。原本几千元的消费品，很快就变成几万元的债务。此时，即便女大学生想要通过打工挣钱也一样难以偿还债务。而此时她们的个人信用会变得非常糟糕，她们无法从低风险、低利率的借款平台借到钱。在面对高利贷各种威胁的情况下，她们选择了裸条贷，这也是高利贷的最后一步。从裸条贷的内容中可知，一个月 10% 的利率算是"温柔"的，因为两个月 100% 的利率也是大有人在的。这种超高利率是她们无法偿还的。

或许，最初在她们心中只是有一个小小的欲望，可是在各种校园贷压力下，最终演变成了裸条贷。

裸条贷背后的黑暗产业链

2016 年 11 月网上公布的裸条中有着十分丰富的信息，比如身份证，学生证，个人的裸体照、视频，甚至父母的工作、家庭住址等。在巨大的债务压力之下，敢于公布裸体照的女大学生最终被导向了色情行业。既然裸体照都给别人了，那她们最后一点廉耻心也被泯灭了，自然也就放得开了，一部分人自甘堕落开始通过色情服务赚钱还款。

事实上，在一百多个被公布了照片和信息的女生背后，还有十倍、百倍的照片没有被公布。用色情服务偿还贷款，这是一条黑到底的产业链。

身陷"裸条贷"，女大学生成众矢之的

如今，提到"裸条贷"，人们第一个想到的是女大学生。而"裸条贷"的女大学生更是被贴上了"拜金""虚荣"等标签。

细细考量，其实女大学生属于一个缺乏社会经验的弱势群体，她们在诱惑面前，难免会把持不住。而随着网络贷款平台的野蛮生长，他们明知一些女大学生难以偿还贷款，却不惜让其用裸照作为抵押，进一步干着高利贷的勾当，让这些可怜的女大学生永无翻身之日，甚至家破人亡。

如今，更有一些网友，不分青红皂白将矛头指向了女大学生，让其经受舆论的伤害。遏制"裸条贷"显然已经迫在眉睫了。只有斩断向女大学生伸过去的"魔爪"，才能避免类似事情的发生。

　　另外，希望广大的女大学生一定要树立正确的消费观、借贷观，要主动远离"裸条贷"。其实，对于放贷人而言，如果有将女大学生的裸照、视频放到互联网上，打电话威胁恐吓等行为都涉嫌违法，是要承担一定的刑事责任的。所以如果女大学生身陷"裸条贷"，走法律程序是最好的选择。

第四章

当今校园贷的现状

校园网贷的兴起正在改变大学生的金融状态。因其服务对象的特殊性，也会伴随很多的问题和隐患。虽然校园贷在一定程度上能够帮助学生解决资金短缺的问题，但是行业内的乱象仍然十分严重。

001

校园贷的现状

随着网络时代的发展，互联网把人与人之间的距离拉近了的同时也大大方便了大家的生活。随之而来的"互联网＋"越来越贴近我们的生活，金融行业也不只采用过去的传统方式，出现了各种各样的互联网金融，其中以主要服务对象是在校大学生的网络贷款平台增长最多。这些平台的出现，为大学生这个团体提供了便利，同时也刺激了他们的消费欲望，提高了大学生的消费水平，深受广大学生的喜爱。据不完全统计，有67.50%的在校大学生使用过校园网贷还会继续使用，可见校园货在大学校园内的普遍。

市场亟须规范

面对如此庞大的市场，校园网贷平台之间也开始了激烈的竞争。因为网贷交易是一种新型的交易平台，还没有完善的相关法律法规，对于出现的各种风险和问题，经营者也没有足够的经验应对，因此社会上出现各种网贷的乱象。2017年下发的《关于进一步加强校园贷规范管理工作的通知》，对于整顿非法校园网贷平台起到了一定的效果，但是仍有一些网贷平台在偷偷地进行校园贷款业务。《通知》的颁布规范了行业的运行制度，一些竞争力弱或者管理不善的公司相继被淘汰。

校园贷交易的市场广阔，平台数量也在逐渐增加。淘汰弱者，关闭非法交易平台，是提高整个市场质量的关键。但是，现在行业中校园贷服务平台的质量真假难辨，之前校园贷乱象在社会上造成的争议对整个行业有一定的影响。总体来说，校园网贷行业在向好的方向发展，但是仍需要严格的监管制度。

违规经营，换汤不换药

2017 年 8 月 15 日，一名二十岁的北京高校大学生，在吉林老家溺水身亡。家人发现他留下的遗书时，他的手机还在不断地收到威胁恐吓的短信，就是这些催款短信让年轻的生命走上死亡道路。原来该大学生曾经在多个网络借贷平台上借"高利贷"，利滚利，已累计达十三万元之多。其中一笔借款的周利息高达五百元。

4 月 11 日，一名厦门华夏学院的女大学生因陷入不良校园贷而在某宾馆自杀。据报道，当时这位女大学生贷款的平台至少有五个，在其中一个平台上累计借款五十七万之多，累计笔数二百五十七笔，当前欠款五万元。她的家人也多次帮她还钱，其间还收到过"公开裸照"威胁。

6 月 28 日，银监会联合教育部、人社部发布关于网贷业务的通知，要求那些针对在校大学生开展业务的网贷机构一律停办，并明确标出退出时间。但是这个消息对于住在兴平市的刘先生一家来说已经太迟了。就在当天下午，刘先生二十二岁的儿子在家中自缢。同样是因为校园贷，破坏了这个本来圆满的家庭。

这几个案例就发生在 2017 年的 4 月到 8 月。在此之前，也曾报道过多起因校园贷的威胁而导致死亡的事件。"千元借款滚至几十万""女大学生遭到暴裸照逼债！借 1.25 万 8 个月滚到 23 万"等社会类新闻更是屡见不鲜。但是要清楚的是，《关于进一步加强校园贷规范管理工作的通知》（以下简称《通知》）已经在 6 月发布，却依然有类似的事情发生，而且有些还是在颁发《通知》之后发生的。

有的网贷机构明面上响应《通知》的相关条例进行转型，但实际上换汤不换药，将直接贷款换成了分期购物，诱使大学生变相贷款；有的打擦边球，推出了各种形式的校园贷衍生物，比如"助学贷""美容贷"等；还有的平台继续为在校大学生提供贷款。

中介泛滥，引导学生多平台贷款

发布《通知》之后，校园贷款业务仍旧大量存在，导致这一现象存在的原因之一就是中介。相对于平台，中介显得十分灵活。他们通过简单的APP吸引到学生，然后再将学生引流到线下操作。因为移动网络和社交软件的广泛应用，他们甚至直接通过微信群、QQ群、贴吧、社区等就能达到引流的目的。

中介是造成校园贷乱象的罪魁祸首之一，比如之前在社会上引起舆论热点的"裸贷"，其实就是通过学生拍摄裸照或者视频作为抵押，直接将钱借给这些学生，不需要通过什么借贷平台。也正是因为没有正规的平台，隐蔽性比较强，所以监管部门很难查出根源，治理起来也很困难。现在许多校园贷平台由于监管而转型或者关闭之后，这些中介成为了校园贷最有利的推广渠道，是引诱大学生贷款以及滋生各种恶事的源头。

事实上在每个"大学生分期借贷"群中，数量最多的都不是校园贷平台，而是中介。中介在群里通常说自己有很多借贷的渠道。也就是说，如果有学生借贷的钱还不上，可以通过他们借到其他平台的贷款，拆东墙补西墙。同时他们还会声称自己有很多的关系，可以运用非常途径借到别人无法借贷的正规平台的钱。

其实，中介口中所谓的借贷平台大部分是地方金融机构，小额贷款和高利贷公司居多，真正的网贷平台非常少。中介通过"潜伏"在学生群体中，引诱他们贷款，从中获得各种名义的中介费。学生通过他们贷款的平台越多，中介拿到手的钱也就越多。所以，这些中介才会"好心"地帮大学生找其他贷款平台帮忙"拆东墙补西墙"。

002

校园贷存在的问题

 大学生通过校园网贷平台借到的钱，多用于消费上。其中占比最多的是用来购买数码电子产品、服饰美妆等，达到 53.27%，基本生活花销占比 36.01%，娱乐支出占比 23.81%，除此之外，基本学费支出、校园创业、考证培训等方面支出所占比重较小。主要原因是因为大学生消费需求大，而传统金融机构机制相对死板，这就给了校园网贷很大的发展空间。同时，校园网络借贷平台在发展过程中由于缺少相关制度的有效监管，暴露了不少问题。

风险监控不完善

校园网贷本质上是金融，是区别于传统金融的互联网金融，而风险控制是每个金融机构顺利开展业务的核心。一些校园网贷平台为了抢占市场，占据竞争优势，忽视了风险控制的重要性，甚至自降门槛吸引更多的大学生贷款。

风险控制不足的具体体现主要有三方面：

首先就是提交申请时审核评估不严格。一般来说，学生申请消费类贷款需要通过视频身份认证、学籍认证和联系人认证等方式，来确认借款人是否是真实的在校学生，如果是就可以得到校园借贷平台的放款。但大多数平台只需要确认借款人是在校大学生的身份就可以通过，而不去核对此身份是否属实或者是否具有还款能力。因此，许多线下业务员开展贷款业务时，为了自己的利益，往往会为学生伪造信息从而得到贷款，甚至最后变成大学生"拆东墙补西墙"的推手。

　　其次是征信判断方面有一定的局限性。校园网贷平台由于没有纳入央行征信系统，只是根据民间征信系统进行判断，不可避免地出现信息不对称。例如，因为没有统一的征信系统，各个借贷平台之间缺少了信息共享的环节，很多大学生可以同时在多个平台上借贷，形成"拆东墙补西墙"的局面，借贷的金额越来越多，利息越滚越多，完全超出了大学生的承受能力，达到无法偿还贷款的地步。

　　最后就是贷款方在放贷之后，对借款学生的催款方式简单粗暴。新闻曾经报道过某校园网贷平台的"催收十部曲"，甚至还会出现非法拘禁的违法手段。

信息透明度低，借贷体制不完善

　　许多借贷平台为了抢先占领市场，降低了借款人的审核标准，放松申请流程和手续，甚至为了吸引学生而采用"即刻到账"的手法作为诱饵，学生只需要填写自己的基本信息就可以得到贷款。由于学生对借贷风险缺乏了解，校园贷款平台对学生的偿还能力也没

有进行评估，在双方不了解的情况下达成的交易就大大增加了发生风险的可能，出现了校园借贷的乱象，虚假顶替贷款的事情经常发生。借贷体制的不健全，使自控能力弱的学生慢慢走向了还贷的深渊。

如果各个校园平台之间的信息是共享的、透明的，在他们了解了借款人的信贷情况之后就不会放贷给他们，阻止学生一错再错，及时止损。

低利率、高费用

现在不管是在公共场所还是在网络上都能看见有关分期免息贷款的广告，其实许多校园贷都是打着"免息"的幌子来获取高额服务费，打着"无须等待、即贷即用"的噱头吸引顾客贷款，让许多没有经济来源且理财知识匮乏的大学生踏上了一条不归路，深受其害。某位曾经任放贷业务主管的人说，许多校园借贷平台为了吸引借款人，进行的都是虚假宣传，在"零首付、零利息"的背后隐藏的是高额的服务费、交易费、管理费等各种费用，甚至加起来比利息还要高。

很多校园网贷平台的贷款月息是 1%~2%，看起来并不算很高，但是在这些看似正常的约定利息之外，还有很多额外的费用，最后算在一起总的费用就非常高了。缺乏社会经验的大学生很容易被这简单的表面迷惑，对于背后的复杂营销手段更是一无所知，结果就不知不觉落入了校园网贷的陷阱。

暴力催款，酿成恶果

当今大学生是社会消费群体中崛起的新兴力量，正处于虚荣心作祟和对奢侈品牌缺乏认知的年龄，更缺乏理性消费观念。更因为大学生没有经济来源加上生活费有限，正好又有可以贷款、分期的平台，于是就开始贷款购买。校园贷款平台为了盈利，肯定会增加借贷成本，有调查显示，一些平台的年利率至少在 35% 以上，加大了本就没有经济实力的大学生分期还款压力。

而且校园贷的还款期限没有根据学生的实际偿还能力进行规定。如果学生没有按时还款，校园贷款平台或机构就会使用非常极端的手段催学生还款，我们大家都知道的恶毒手段有恐吓、威胁、非法拘禁等，但是还有我们不知道的更恶毒的手段，最后造成了悲剧的发生。

任何事物的产生和存在，都有其自身的价值和意义。校园贷作为消费金融诞生，是为了能够刺激消费促进经济发展，但是却因为种种问题的出现和放纵，发展到畸形的地步。人们一谈到校园贷就想到肯定是陷阱，想到那些被逼自尽的大学生。如果校园贷平台和机构仍得不到严格的监管，还会有很多大学生因此而受到还贷的压力甚至是威胁。因此，目前最应该考虑的是如何解决这些问题，防止悲剧的再次发生。

003

校园贷监管缺乏执法依据，亟待画清红线

◎ 校园贷的本来目的是为了缓解大学生的燃眉之需，结果却被不法分子当作牟取暴利的利器。法律明文规定，民间借贷的利率最高不得超过银行同类利率的四倍（包含利率本数），如果超过此标准，超出的部分不受法律的保护。而校园贷的利率却完美地绕过法律规定，通过收取手续费、服务费等其他费用达到高利息的目的，同时也规避了法律责任。整治校园贷乱象，迫在眉睫。

缺乏监管制度

　　校园金融的兴起是社会发展下不可避免的现象，同时校园金融服务需求市场之大也是毋庸置疑的。市场越大，不可控因素就越多，出现的问题也就越多。因此校园贷市场面临的主要问题有两个，一个是校园贷款制度的不完善；另一个是没有出台具有针对性的监管政策。2016年4月，教育部联合银监会发布了《关于加强校园不良网络借贷风险防范和教育引导工作的通知》，重庆市也出台了规范校园贷的八项清单，但这些措施只是起到相关的规范作用，仍缺乏刚性要求，没有触及问题的关键，相关部门仍然没有执法时所需的依据。

　　因此，应该尽快完善有关校园贷方面的法律法规，明确监管主体和监管细则。规范校园贷市场涉及的方面有许多，所以应该需要教育部、银监会、工商局、公安部等部门共同治理。高校学生群体大部分都已经是成年人，有金融服务的需求无可厚非，需要注意的是大学生在享受金融服务的同时要怎么承担相对应的风险，以及如何评估学生的承担风险能力。眼下最应该解决的是相关部门要明确规定并严格监管校园贷的细则，表达从严治理的态度，对校园贷平台放松审核流程、审核不严的问题要追究相应的责任。相关部门对任何大大小小的校园贷案件都必须严查，查到水落石出为止，必定追究法律责任，对违法乱贷"零容忍"，才能彻底使校园回归平静。

　　如今仍有许多校园贷维权难的情况。深陷校园贷泥潭的学生要及时收集和保留相关证据，比如转账凭证、消费凭证、还款记录、与中介聊天记录等作为维权的证据。如果遇到网贷诈骗的情况要及时报案处理，立案调查，维护自身的权益。执法部门应该及时查办，严格处理违法放贷的平台，清理和追究违法乱纪的校园贷款平台，早日让校园金融行业建立透明化、公开化、合规化的运行规则。各方共同努力，落实监管细则，打造一个良性循环的校园贷市场，做到为真正办正事的大学生提供其可承担范围内的金融服务需求，不要再让大家闻其色变，助力大学生学习、生活、创业、工作。

规范校园贷款的根本：立法和监管缺一不可

现在我国的金融市场依旧是不完善的，尤其作为后起之秀的校园金融更是缺乏法律制度的监管。准确地说校园金融的监管不是错位而是空白，各个部门都有自己看似合理的说法。有法可依、明确监管部门、规范行业制度成为校园借贷市场亟待完成的主要任务，加强校园贷款监管是首要任务。因此，立法和监管缺一不可。

规范校园借贷市场离不开立法。正是因为没有对校园贷款明文规定的法律法规，没有明确的监管部门和针对性的监管条文，才导致许多平台"打擦边球""踩红线"、钻法律漏洞的行为经常发生。法律的缺失是市场出现乱象的根本，虽然之前教育部联合银监会发布了《关于加强校园不良网络借贷风险防范和教育引导工作的通知》，涉及的大多是加大学生消费观念教育、加大金融网络安全知识普及等内容。针对监管不良网络借贷，给出的指示更多的是"密切跟踪"和"风险提示"，针对"建立校园不良网络借贷实时预警机制""建立应对处置机制"也没有进行详细的说明。

立法的同时监管也应该紧跟其后，保障立法能够实施。规范校园借贷市场需要各个部门共同治理，但是现在尴尬的是许多部门对于监管校园借贷平台缺少法律依据。尤其是金融监管部门，在网络借贷详细法规没有正式生效之前，在合格主体、执法依据上都有瑕疵。没有规矩不成方圆，相信随着立法的规范和监管的落实，借贷市场会一改以前的乱象，迎来更加规范化的发展。

校园贷亟待画清"红线"

随着网络借贷平台的发展，越来越多的学生陷入"高利贷"的陷阱。一些不良平台利用虚假广告隐瞒真实收费来吸引学生上钩，侵犯学生的合法权益。因此发生的恶性案件给整个行业带来了极大的负面影响。

另外由于一些放贷机构聘用兼职人员从事填表、调查、走访等工作，充当放贷机构代理人的身份。这部分人群流动性大，并且想要在短期内取得好业绩，往往采用虚假宣传提升业绩，给平台埋下隐患。在实际的法律纠纷中，如何追究责任主体有着很大的争议，到底是平台存在经营问题还是学生存在道德问题，很难去界定。这样对双方都会产生负面影响。因此，画清校园贷业务的"红线"边界，确认哪些标准不可侵犯，才是现在亟须做的。

校园贷能否健康发展，主要取决于金融服务对象的定位。互联网只是正规放贷平台提供金融服务的一种新渠道，核心主要还是取决于放贷平台是否遵纪守法和借款学生拿到钱做了什么以及是否具备偿还能力。出台管理制度，画清业务"红线"，刻不容缓。

004

校园贷中介紧盯风控漏洞，诱导涉险

◎ 从 2007 年到如今，网络信用借贷在我国已经发展了十年有余，对于借款人的信用征信审查一直在不断完善，但是近几年新兴的校园网络贷款对于借款人的审核和风险控制存在很多不足，仍然需要加强并不断完善。

就是在等待校园网络贷款市场成熟的过程中一些不良中介乘虚而入。他们一面寻找可以侵入的漏洞，一面摸清操作底线防止"踩红线"，然后与放贷平台内部相互勾结，鼓吹校园贷的优势，诱导涉世未深的大学生，把自己的个人信息交给他们，由他们全权代办，并从中牟取利益。所谓漏洞就是放贷平台对风险把控较弱，中介专门寻找这样的平台通过非正常操作得到贷款的渠道。

中介为借款人伪造资料、包装身份得到贷款

"专业网贷服务，专治黑户、烂户和大学生网贷服务，被拒次数不计""稳过""秒下""无视一切"等是在一个名为"全国大学生分期借贷"的QQ群里的聊天记录，而且这样的聊天信息一天能在群里发上百次甚至上千次，而且已经成为一种常态。在这个接近四百五十名成员的群里，大部分都是网贷中介，所有记录都是关于放贷信息的。发布这些内容是他们的工作，目的就是为了吸引需要借款的大学生。

中介小孙说，这些词语就像是兴奋剂，最能猎得急需用钱的大学生，"那些欠了十多个平台'拆东墙补西墙'依然无法还钱的同学，正规渠道又借不到钱，就会想办法找非正常途径借钱，因此只能来找中介。"

一个QQ名为"拉卡拉金融"的用户，声称自己不仅是中介，而且还是拉卡拉公司内部的工作人员，可以一手操办贷款。另外，他还说可以帮助学生在拉卡拉分期平台上获得贷款，并且保证即刻下款。

"拉卡拉易分期"平台是属于拉卡拉金融旗下的一种信贷产品。这种产品的主要用户是拉卡拉金融旗下的优质客户，而这些客户除了需要提供自己的基本信息外，还会参考用户的考拉信用分。但是作为一个没有接触过任何拉卡拉金融的大学生来说，根本不可能得

到考拉信用分，那么通过什么途径得到"拉卡拉易分期"的贷款呢？这其中，中介可是发挥了不小的作用。

就在高校大学生李某以学生身份申请"易分期"贷款被拒绝之后，中介就给他想了一个办法。"包装身份"就是伪造个人信息资料，把自己的学生身份伪造成有稳定职业的社会人士，包括职业、单位地址、单位电话等信息。除此以外，中介还能帮助李某躲过系统审核，只用人工审核。能这样做的原因是中介本人就是"审核员"。果然，在这位中介拿到之前申请贷款失败的李某的资料不到三十分钟，李某就成功申请到了五万元的贷款。

当然，中介也不是白做的。如果是在中介的帮助下拿到的贷款，中介要收取 8% 的点位费，也就是每提现一万元中介可以得到八百元的点位费，而且中介费不是通过公司渠道而是通过转账的方式直接转给"拉卡拉金融员工"。

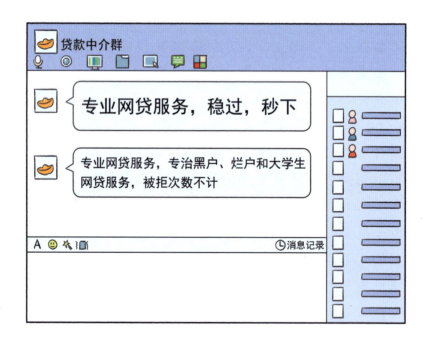

中介与平台的关系

在众多借贷群中宣称自己是中介、有众多借贷渠道的人与借贷平台有着怎样的关系呢？他们又是如何逃过风控得到贷款的呢？通过追踪调查，这些中介大多是未毕业的大学生而且都有过借贷经历，通过 QQ 展示的年龄可以断定大部分是在 19~24 岁。

其中绝大部分中介都是根据自己的借贷经验来引诱学生借贷。因为他们熟知其中的套路，知道怎样写资料能提高通过率，对各个平台的审核条件都有一定的了解，哪些平台适合学生借贷，他们都了如指掌。这些经验变现的方法就是通过拉拢更多的学生借贷从中赚取高额的点位费。

那么这些中介与平台之间是否存在某种关系呢？对此新京报记者联系了几家校园贷平台的工作人员，他们都称没有工作人员是中介而且也否认了签约借贷中介的说法。"拉卡拉易分期"工作人员称审核都是从还款人信用、经济实力等方面进行综合评估，目前没有纯人工审核，全部为系统审核。"马上贷"工作人员也称全部为系统审核，目前没有签约的地推或中介，"马上贷"的贷款渠道只有一个 APP。还有其他校园借贷平台，如爱又米、贷贷红等平台的工作人员也称公司没有签约任何中介，那些声称是中介的人都属于个人欺骗行为。只有一些非法借贷平台会招收一批学生作为代理拉拢学生借贷。

成为中介是没有任何门槛的，只要有资源，能够带来客户，就可以从中获得利益。涉世未深、社会经验为零的大学生遇到黑心中介的时候，就会很容易被诱导，甚至从此走上一条不归路。

放贷平台风控水平有待提高

"对于目前互联网金融的风控水平来说，还无法识别借款人提交的资料是真是假，只能识别一些简单的虚假信息。"上海某信息科技有限公司 BI 高级总监谢某称，"一般审核首先看的是借款人年龄，然后查询其学籍，再判断是否为在校学生。"

正常情况的审核是要综合考虑放款率和风险率的，但是一些校园借贷平台为了节约成本，直接忽略了学籍查询，增加了风险率。还有一些审核人员为了提高自己的业绩故意放松审核条件，只考虑放款率。

放款平台在严格把握审核条件的同时想要拥有更多的市场业务，这两项很难做到平衡。因为如果审核条件严格了，市场业务一定会减少。所以，对于平台风控的把控，不排除为了占据市场份额而故意放水的可能。因此，应该加大控制管理平台风控的水平。

005

问题不止于校园，监管提效责无旁贷

◎ 2016 年 3 月，河南某高校大二的学生因欠下高额网络贷款无力偿还而跳楼自杀的一幕好像发生在昨天，也正是因为这件事将校园贷平台推上了社会舆论的顶端。作为互联网时代的一种新型金融服务形式，快速发展的背后也伴随着未知的问题和风险，引起了不少人的深思。校园贷在大学生群体中是真实存在的，如何控制恶性事件的发生？这就需要相关部门的有效监管。

校园贷问题的根源

全国学生资助管理中心副主任表示，目前我国资助政策对于贫困学生能够顺利入学、完成学业起到了兜底作用。近几年频发的"校园贷"事件没有一个学生是因为不够交学费、正常生活费导致的，更多的是因为学生的超前消费和其他用途导致的。副主任马建斌表示，部分校园贷并不是国家和金融机构提供的金融产品，而是变相非法高利贷。校园贷恶性事件发生的背后与种种因素相关。

全国学生资助管理中心副主任称，为了解决校园贷问题，教育部提出了很多想法。比如，树立学生正确的人生观、价值观，引导学生正确的消费观，多给学生讲授相关的金融知识、理财知识、法律常识等，提高学生的自我保护意识。但是要从根本上解决恶性事件的发生，光靠学校教育就指望学生在遇到诱惑或骗局时能够自我保护是完全不可能的。应结合相关部门严厉打击违法乱纪的校园借贷平台，还学生一个安全、平静的校园生活。

校园贷事件层出不穷，影响了大学生平静的学习生活。很多人在校园贷事件被爆出之后会埋怨说："是因为学生贪慕虚荣才会造成这样的悲剧。"或许，有这样的一方面因素，但是在这个时代为什么会出现爱慕虚荣的学生呢？他们接受的教育是什么呢？生长的环境又是怎样的？学生在大学期间，虽然已经有了自己的人生观，但还是很容易受到其他人影响。而影响学生价值观取向的因素除了自己父母外还有学校老师和学校风气。在这个物欲横流的时代，学生学到的是什么？是追求物质的享受还是发扬勤俭节约的中华传统美德？在谴责校园贷恶性事件发生的同时，我们也要环顾周围，是什么让学生误入歧途，而走上了一条不归路？这些恶性根源不除，校园贷在学校就会一直存在。

校园贷的影响

校园贷就像一把双刃剑，一方面代表了社会的发展，另一方面又伤害着大学生的心灵。我们先看一下校园贷的正面影响。

校园贷属于互联网金融的一种，具有其存在的合理性。因为校园贷的服务对象大多都是没有社会经验的在校大学生，因此具有一定的特殊性。校园贷为经济有困难的大学生提供了资金帮助，使他们能够通过校园贷款交纳学费、顺利入学；使想要在校创业的大学生通过校园贷得到创业基金，实现自己的梦想；使想要提升自己、扩大知识面的大学生可以通过校园贷款获得资金参加培训班。

校园贷的负面影响有以下几点：

第一，校园贷影响了学生的理财观念。虽然在校大学生大部分都已经成年，但由于他们消费观念不理性，有严重的超前消费现象，最终造成财务严重超支，容易依赖校园贷款和分期付款，造成恶性循环。当学生无力偿还贷款时，只好向家里开口，让家长帮忙还钱，也给家里增加了负担。

第二，校园贷影响了人身安全。不良校园贷平台对于逾期的学生催款方式过于恶毒，经常会伴随着恐吓、威胁、语言攻击等粗暴行为，甚至擅自限制借款人的人身自由等，给借款人造成心灵上的伤害。如果放贷平台对于逾期的借款人通过正常的法律程序申请法院强制执行，这样也不会给借款人带来人身伤害。

第三，校园贷影响了信息安全。各种校园贷平台可以通过借款人的授权获得隐私信息，这些信息再结合大数据，就加大了借款人隐私信息的外泄概率，同时也增加了借款人账号被盗的风险，严重影响了借款人的信息安全。

监管建议

如果想要校园网贷有序发展，就要降低金融风险。

首先，要加强立法和监管，提高准入门槛。对于互联网金融提供商的审核要严加管理，尤其是对那些服务对象为在校大学生的互联网金融平台，一定要对其借贷资格进行全面、严格的核查。同时，对于违规高利贷操作进行严加管制，督促行业自律，培养学生良好的消费习惯。

其次，政府、校园借贷平台、网络消费三者之间应该建立一体的舆论监督体系，增强三者之间的交流和沟通。这样既对网络营销行为有积极作用，也淘汰了非诚信行为的平台，给大学生营造一个良好的互联网金融环境。

最后，网络平台对代理商的监管义务应该严格要求并执行。网络平台应该加强对代理商的监管，对其所办业务的真实性、资金用途、信息安全等进行严格的核查，以防出现代理商大规模套用借款人资料、套取信贷资金等造成的系统风险。

总之，对于网络金融的监管不能仅靠单一部门来完成，需要相关部门联合执法、共同治理，才能取得有效的成果。

第五章

校园贷的几大陷阱

现代社会高速发展，周围总是充斥着各种诱惑，买买买成了年轻人生活中的主题，超前消费更是他们生活的常态。有市场就有需求，校园贷因此而在大学校园中大行其道，更有不法分子混在其间，通过种种陷阱引诱大学生误入歧途。

001

陷阱一：无担保，方便快捷

◎ 近几年随着互联网金融的兴起，校园贷平台也在学生中盛行，网络贷款、分期购物等业务在高校中随之走红。由于大学生群体消费需求较高，又没有固定的经济来源，有低门槛、方便快捷的特点的校园贷就成了大学生的首选。校园内随处可见关于贷款的小广告，"小额贷款，随借随贷，当天放款，方便快捷"等宣传语吸引着学生。

什么是无担保贷款

无担保贷款又称无抵押贷款或者是信用贷款，主要是指不以任何具体的资产为担保的借款负债方式，即借款人不需要依法提供担保或者不需要第三方担保人证明而发放的贷款。贷款的时候不需要提供任何资产作为担保，只需要有身份证明、收入证明、地址证明等基本个人信息资料。比如校园贷中的"裸条贷"就是典型的无担保贷款，不需要任何资产作为抵押，只需要拿着自己的身份证拍张照片或视频就能申请。如果是向银行申请贷款的话，无担保贷款相较于有担保的贷款利率要高一些。一般年龄在18~60周岁的中国公民、身体健康、有收入保障的都可以申请。

虽然无担保贷款给人们带来了很大的方便，但是有些不良校园贷平台打着无担保的旗号布下了很多陷阱，引诱着金融知识薄弱的大学生。

无担保贷款容易出现骗局

随着互联网的发展，当今社会出现了很多所谓的全国联网。不管你在什么地区，只要提供有效身份证就可以不需要任何抵押得到贷款。还有一些所谓的"贷款公司""贷款集团"等听起来很高大上的公司，宣称不需要任何资产抵押只需要一张身份证就可以放款，凡是此类的诈骗信息，要注意防范。接下来就介绍一下关于一些无担保贷款骗局的特点。

1. 公司名头比较大，比如"某某集团""××贷款集团""××集团公司"等这类公司，工商局是不会允许这样的公司名称注册的。而他们一般还会说全国很多地区都设有分支机构，办理业务方便。

2. 不显示公司地址，也没有真实的公司营业执照，无法提供个人的身份证。

3. 广告中一般只提供个人的手机号及联系人或者QQ号，通过手机号可以查出广告上留下的联系电话一般集中在国内的少数几个省份，没有固定电话。

4. 放贷很容易，一般只需要一张身份证就可以贷款，其他经济条件都不查看。

5. 当急须用钱的借款人被说服准备申请贷款时，骗子们就会以各种理由让借款人先交一些费用，比如"手续费""核实费""保证金""利息"等各种名目的费用。

6. 当借款人将钱转过去之后，就再也联系不上骗子了，甚至借款人连骗子的公司名称、住址、真实名字都不清楚，有的甚至还不知道自己已经上当受骗了。

无担保贷款背后有高利率

《中国经济周刊》的记者通过高校学生了解到，平时在校园中、微信朋友圈、QQ群里经常能看到关于"无担保、无抵押、当日放款"之类的贷款广告。这些贷款公司自称无担保，方便快捷，随时放款，几百到上万元都可以。记者通过学生提供的一个广告联系电话，联系到一位姓张的经理，问想申请贷款需要什么程序，对方说只需要提供身份证、学生证、银行卡，还有老师、家长、同学的联系电话就行。

这些渠道的服务相较于阿里、京东、银行等传统的互联网金融平台的信贷服务虽然简单快捷许多，但是其背后也有巨大的隐患，高额的利率就是其中之一。

以在大学生中比较受欢迎的苹果手机为例。如果学生在京东上通过京东白条分12期购买，原价为5688元的手机每期须付500元左右，手续费在0.5%。如果通过一些其他校园贷平台购买，虽然每期只需要付200元左右，但是利率是20%左右，那么一部手机一年下来多付了1000元。

这些平台还会给学生们提供放款渠道，当学生没有在还款日之前还款，这些平台就会让学生通过再次借贷的方式来保证每期的还款。《中国经济周刊》还了解到，校园分期贷的年利率高达 20% 以上。这些贷款一旦没有按时还上，就需要支付相当高的违约金。一位曾经有过网络平台贷款经历的学生告诉记者，校园借贷平台对于小额贷款有很多方式，比如信用卡借贷、私人高利贷等方式。甚至有许多学生都被校园借贷平台发展为线下地推，通过微信、QQ、贴吧、社区等渠道向同学推荐这类贷款。很多学生最后还不上违约金只能由家长支付。

方便快捷背后的便"劫"

我们经常会看见一些放贷平台声称申请校园贷方便快捷，只需要提供个人的学籍信息和老师、家长、朋友的联系电话即可放款。还有一些同学并不是自己去找的借贷平台，而是因为身边潜有所谓的贷款平台中介的同学，在他们的诱骗下，中介拿到了学生的身份证件，办理了贷款，看似方便快捷，但其背后的风险无法预测。因为一旦无法按时偿还贷款，就要背负巨额的违约金。

甚至一些不法分子会利用网贷平台的漏洞，盗用很多学生的信息办理贷款。因此，一定要保管好自己的身份证件，不要借给任何人，包括身边的朋友。

作为学生，并没有固定的经济来源，网贷平台为什么还愿意借钱给学生，而且不需要担保和抵押呢？不难发现，不管校园贷平台的申请手续有多简单，父母联系方式、家庭住址、宿舍住址、朋友和老师的联系电话都是必填选项。有了这些信息，学生在还不上贷款的时候，校园贷平台就可以依照信息，采用不正当手段进行催债，甚至一些催债人还会暴力上门堵截，通过威胁、恐吓等手段威逼学生还款……

002

陷阱二：低息背后，高额服务费

◎ 随着蚂蚁借呗、京东白条等互联网金融的兴起，许多不法分子盯上了这个新兴市场，并盯上了大学生这个具有较高消费的群体，引诱他们通过网络贷款或者分期从中获利。有些网络贷款平台为了博取学生的眼球，以虚假宣传、具有吸引力的广告骗取学生到他们平台贷款。

月息 0.99% 的背后实际年利率 20% 以上

据媒体报道，"网贷平台往往利用低利率的噱头来吸引学生，而且利率普遍都是在 0.99% 到 2.38%"。但是实际上，网络借贷平台的利息并不像广告上说的低息。在采访中，一位名叫方明的学生说，他曾经对比过许多家网络借贷平台的产品，最终选择了一家月息为 0.99% 的网络贷款平台。他通过这个平台一共借了 10000 元，分 12 期还款，但是因为平台扣除了 2000 元的咨询费，所以最后到方明手中的钱一共只有 8000 元。当时客服告诉他"如果我按时将钱还上，这 2000 元最后会返还到我的账户中。但是最终还是被扣了 2000 元，感觉很不划算"。

北青报记者根据方明的说法，通过该平台的还款计算器进行核算，计算结果显示，每月本金加利息为 932.33 元，一共需要还十二期，月利息是 0.99%，还有每月需要还款的计划表。随后北青报记者将这份计划表截图发给从事财务工作的人员，让他们帮忙分析一下。经过多位从事财务工作的人员计算后，他们都表示："每月本息是 932.33 元，再对照还款计划表，看似是很正常的等额本息还款法，但是正确的等额本息还款，每月的还款本金是逐渐减少的，这个表里的还款竟然是相等的。也就说贷款平台并不是标准的等额本息还款的算法，而是每月的利息都按 10000 元的本金来计算的。按照正确的算法推算，每月的本息为 932.33 元，推出实际的年利率超过 20%，每月的利率为 1.77%，与宣传的 0.99% 相去甚远。"

财务人员又进一步解释道："在局外人看来平台的还款计划表没有任何问题，用 932.33×12-10000 再除以 12 貌似也很合理，但是这样的算法跟实际产生的利率并没有真正的关系，只是骗外行人的一种营销手段，甚至可以说是这个行业的规则。"对于扣除的 2000 元的咨询费，几位财务人员也表示，如果逾期的话，这 2000 元是要不回来的。也就是你实际贷了 8000 元，最后还款金额达到 11187 元，实际年化利率超过 30%。就是相当于你没有用那 2000 元，却承担了那 2000 元的利息。

低息背后隐瞒的各种费用

校园贷平台总是吹嘘"低息"，但是却没有告知学生利息之外的费用，因此我们也就想当然地认为没有其他收费项目。事实上，其中的猫腻可不少。在学生还没有真正签约之前，对于实际的收费标准、服务费、逾期滞纳金、违约金等，平台一般都会隐瞒或者说得模棱两可。只有当学生真正签约或者逾期的时候，才知道事实的严重性。

校园网贷的主要利益来源除了一部分依靠利息之外，剩下的都是依靠一些杂七杂八的服务费。据一位业内人士透露，一般这些费用都是网贷公司自己定的标准，杂七杂八的服务费、滞纳费、平台费等占贷款总额的 5%，有的平台甚至会超过 10%。

曾经有一位朋友用两年的分期在网上买一部苹果手机，每月还款总额为九百多元，但是后来其中莫名其妙地出现了四十元的保险费。他就打电话给客服人员问到底怎么回事儿，客服人员支支吾吾地回答不清楚，一会儿说是如果发生纠纷用来请律师的费用，一会儿又说如果不需要可以马上取消。幸好这位朋友发现得及时，迅速止损，可是在之前已经稀里糊涂交了七个月的保险费就这样没了。看似一个月没有多少，但是时间一长就不是一笔小数目了。所以这依然是一种暴利行为。

所谓的"低息"或许是周息

在校读大三的学生小王有一次非常难忘的借贷经历。曾经有一段时间小王迷上了一款手机游戏，为了购买游戏装备、充游戏币，不知不觉花在游戏上的钱已经有八百元了。当他去取钱要充饭卡的时候才发现银行卡里只剩一百元了，而此时距离父母打生活费还有半个月。平时好面子的小王也不好意思向同学借钱，就想起了贴在校园里的借贷小广告。上面说申请贷款非常简单快捷，只需要提供学籍信息、老师和家长的联系方式就行了。然后他签了一份借贷协议后就拿到了八百元。令人苦恼的是才过一个星期，就有人打电话开始催债了。

当时小王没搞明白"一周十个点"是什么意思，中介还忽悠小王说如果还不上的话可以分期付款。后来小王才明白"一周十个点"是一周的利息为10%的意思，更让人气愤的是，如果第二周没有还上就会利滚利，要还的钱更多。那段时间，小王经常会接到借贷的催债电话，并且还被他们威胁说如果再不还的话就要给老师和家长打电话了，找他们要钱。后来小王受不了这种威胁，就如实地告诉家长，让家长帮忙把钱还了。

据相关调查报告，这样的事情不在少数。曾经还有人投诉说，本来是申请了2000元的贷款，但是签了合同之后才发现时间是一周的，而且30%的利率也并不是年利率，而是周利率，也就是说在一周后就要把本金加利息还上，要还的是2600元。所以，在签借贷合同之前一定要看清楚借款的期限。

003

陷阱三：分期还的少，其实是高利贷

◎ 随着社会的发展，我国大学生群体的消费观念也在逐渐改变，越来越多的大学生接受了分期消费的观念，更多的学生开始使用分期消费购物。然而，在其中，一些分期消费平台却会收取高额的利息，普通人很难发现其中的骗局。

高利贷的特点

高利贷的特点大致可以分为三个：一个是利率高，一个是剥削重，另一个是风险高。让我们一起来详细了解一下这三个特点。

一、利率高

假设贷款 10000 元，如果在银行贷款，2018 年中国人民银行公布的一年短期贷款的年利率为 4.35%，也就是一年后应该还 10435 元。如果是高利贷，利率至少是 17.4%，一年后应该还 11740 元，足足多了 1305 元。这是最低的利率，事实上那些分期消费平台为了从中盈利，利率比这个要高得多。

高利贷的预期年化利率一般是在 36% 以上，主要是牟取暴利。也就是说，如果你贷款 100 元，一年要支付 36 元以上作为利息。有的预期年利率甚至 100% ～ 200%，而且是"利滚利"，也就是借款 100 元，一年后要还 200 元，如果还不上二年后就要支付 400 元，再往后三年后就要支付 800 元，依此类推。高利贷年利率是非常高的，借款人将付出高昂的利息，甚至还款金额远远超出借款人能承受的范围。

二、剥削重

上面提到了高利贷的特点之一是利率高，很多人对高利贷的印

象也仅仅只停留在这点上，认为就是简单的多还点钱。这个认知是非常肤浅的，高利贷可不仅仅是"多还点钱"那么简单。如果能够按时还款，那高利贷的严重剥削性还体现不出来，一旦无法按时还款，后果立刻呈现，倾家荡产都是常见的。

比如，短期借贷中，高利贷借款的利息是按照周息、月息计算的，由于实际金额并不巨大，很容易被借款人忽略，但细算下来那利息绝对让借款人抓狂。举个例子，周息10%，借款人如果借款1000元，那一周就要还100元，也意味着月息40%。如果借款人无法按时还款，利滚利，最终数额不可想象。新闻中经常出现借了几千元最终利滚利到几万甚至几十万元的报道。

三、风险高

由于高利贷利率高、剥削重的特点，风险也非常之高。一旦借款人无法按时还钱，利滚利计算利息，借款人有很大的风险越还越多，永远都还不完。这种高风险下，非常容易引发借贷双方的矛盾。债主在收不到钱时可能会对借款人进行威胁、暴力威逼等。而借款人迫于压力可能轻生，也有可能为了还钱或者在债主的诱导或逼迫下进行某些违法活动。

界定高利贷需要注意的问题

分期付款在日常交易中本不是违法行为，但是如果收取的利息高于国家规定的年利率36%就是高利贷了，属于违法行为，不受国家法律的保护。那么，如何认定是否是高利贷呢？这需要注意以下问题。

（1）借贷双方约定的年利率没有超过国家规定的24%，贷款人请求借款人按照规定支付利息，是得到人民法院支持的。

（2）借贷双方约定的年利率超过国家规定的36%，超过的部分是无效的。借款人请求贷款人归还已经支付的超过年利率36%的部分的利息，是得到人民法院的支持的。

（3）借贷双方约定的年利率为24%~36%的话，已经支付的利息不能要求贷款者归还，剩余部分没有支付的，可以不用支付。

（4）在实践中会根据具体的借贷关系进行具体的分析，以保护合法借贷关系、推进生产和稳定经济发展的原则，最终再认定是否是高利贷行为。

综上可见，民间借贷中的高利贷本身是不属于犯罪行为的。但是高利贷不受法律的保护，是法律严厉打击的对象。如果在放高利贷中构成犯罪行为，是要依法追究刑事责任的。

分期付款中隐藏的高利贷

据调查，嗨钱网是上海亨元金融信息服务有限公司（以下简称上海亨元）的一个品牌，是一家专门提供小额消费金融服务的网络平台，通过与当地实体店面的合作，一般达成交易的主要方式是"线上审批＋线下面签"。

2015年11月10日，就读于四川某大学的学生周某在嗨钱网合作的实体店面内分期购买了一部手机。回家后他发觉不对劲，这部手机一共分了18期，每期还491元，一共需要还8838元，这比原来的售价5888元高出了三千多块钱。然后周某在嗨钱网上查阅签订的四方协议，才发现签的协议实质上是借贷合同，嗨钱网用周某的信息与第三方金融公司，一家名为"北银消费金融有限公司"（以下简称北银）办理了贷款业务。而且贷款本金是7860元，手机的价格也从标价为5888元变成了6288元，剩下的1572元是服务费。

周某通过四方协定发现，自己是乙方，向丙方商家购买了一部手机，要向甲方北银借款，丁方嗨钱网只是为甲乙丙方提供交易服务。所以，作为乙方的周洋需要向丁方嗨钱网支付一定的服务费，而且这笔服务费还需要向甲方借，因此贷款本金就是手机的价格加上服务费，除此之外，乙方还要向丁方支付 19 元的管理费。而且协议中还表示乙方只能在还清六期之后才能提前将剩余的钱还清，还要缴 2% 的违约金。周某表示，这些事项在当时根本就没有提，商家也没有说明，更没有解释协议中的四方都有谁，而且还是贷款。

004

防范校园贷陷阱的具体方法

◎ 越来越多的学生陷入校园贷陷阱的沼泽地，越挣扎陷得越深，越深越想要挣扎出来，却只能是遍体鳞伤。为了让大学生回归平静的校园生活，为了教育和引导他们树立正确的消费观，拒绝不良校园网贷，下面根据《教育部办公厅、中国银监会办公厅关于加强校园不良网络借贷风险防范和教育引导工作的通知》，为大家讲一下防范校园贷陷阱的方法。

如何防范不良校园贷

随着互联网金融的发展，涌现出了许多不法分子假借网络贷款平台引诱大学生贷款过度消费，侵犯了学生的合法权益，影响了社会的经济稳定。因此，要提醒学生提高防范意识，有以下几点方法。

（1）擦亮眼睛。对于主动推销的网络贷款产品，不要盲目轻信，严格保管自己的个人信息，不要轻易填写个人资料，防止个人信息被泄露或者被盗用。提高自己判断网贷业务的能力。

（2）找准组织。如果在上学期间遇到经济困难可以向相关政府部门寻求帮助或者向学校相关资助部门了解一下详细情况。

（3）理性消费。学生们应该发扬勤俭节约的中华优良传统美德，可以在自己经济条件允许的情况下超前消费，但是不能过度消费或者盲目跟从，要学会合理安排自己的财务支出。

（4）树立正确的消费观。作为大学生，应该增强金融方面的知识，充分了解不良网络借贷平台的风险，树立正确消费观，发扬勤俭节约的传统美德。尽量减少或者不要在网络平台上进行分期购物或者贷款，因为需要支付的利息和违约金都非常高，要主动远离不良网络借贷平台。

（5）提高自我保护意识。保护好自己的个人信息，防止被不法分子盗用，防止借用自己的名义办理贷款。不要将自己的个人身份证借给他人借款或者购物。如果自己的信息被不法分子利用了，遭到暴力催款甚至受到人身威胁，应该及时报警。要懂得用正当的法律手段维护自己的合法权益。

（6）学校方面，辅导员或者老师应该密切关注学生的消费行为，一旦发现异常应该及时关心或者给予提醒；学校应该开展相关教育的课程，培养学生树立正确的消费观念，不爱慕虚荣、不攀比，合理消费；开展一些有关金融方面的知识讲座；等等。

（7）监管方面，校园网贷的乱象与相关部门的监管不力脱不了干系。网贷公司所谓的中介在校园内设置办理点，还能进入宿舍进行推销。这些网贷公司是不是正规的办理渠道？是否严格按照国家规定的要求执行？网络平台对这些代理商是否有进行严格的审查？这些都是需要各个相关政府部门联合起来管理和监督的。

（8）一定要到正规平台贷款。由于现在互联网金融市场还没有出台相关规定明确监管部门，所以现阶段还没有严格的监管和约束。因此有许多不良商家钻法律的空子，给学生们带来了人身威胁。除此之外，贷款的钱一定要是用在正规途径上的。因为学生阶段正是消费需求大的阶段，又没有稳定的经济来源，还款能力有限，很容易出现逾期的情况，最终买单的还是自己的父母，加大家庭的负担。

提高防骗意识是关键

在生活中有太多的陷阱让我们防不胜防，如果不想掉进校园贷陷阱，最有效的方法就是避而远之。但是，很多时候借款人在急须用钱的时候就会自乱阵脚，被各种各样的校园贷虚假宣传所迷惑，从而遭遇骗局。因此，要时刻保持一颗警惕之心，对任何可能成为骗局的校园贷都不掉以轻心。在需要贷款的时候，通过正规贷款平台申请贷款，只有这样才能保证借款人最大限度的财产安全。

到底应该怎么做才能提高防骗意识，真正做到应对自如呢？以下给出几点建议。

首先要对骗局形式有全面的了解，形成正确的认知，提前熟悉贷款流程，知道放款前是不需要交任何费用的，这是正规贷款机构所不允许的。如有陌生人需要你出示个人身份信息，一定不要轻信，谨防身份信息被盗用。对于一切需要提前收取费用的贷款平台一律拒绝，看紧自己的钱包才是硬道理。如果不能准确判断对方的身份信息，向工商部门或者金融主管部门寻求帮助，对贷款平台的相关信息进行核查。

其次，切忌病急乱投医，不要盲目去寻找贷款信息，平时多关注一下贷款市场的动向，了解一些相关的贷款常识，这样在需要贷款的时候就不会手忙脚乱。在需要贷款的时候首先要考虑的就是通过银行或者正规平台进行贷款申请，就算找的是民间贷款，也要坚持先放款后付息的原则。

最后，如果发现自己不慎陷入校园贷骗局，一定要第一时间报警寻求警察的帮助，向警方提供一些骗子的信息便于找到骗子的窝点，让警方更有效地侦破案件。谨记受骗之后不要忍气吞声，一定要学会使用法律武器保护自己的合法权益，以防更多的借款人被骗。

005

掉入校园贷陷阱时的应对方法

近几年社会上总是会出现因为还不上校园贷而自杀的学生，每每看到这样的新闻，心中不免感到万分可惜，同时我们也要反思大学生防范意识的薄弱，只是因为同学甚至是网聊的陌生人的一两句话，就轻易地相信对方所说的一切，天上真会掉馅饼吗？真的相信不需要付出代价就可以轻松获得贷款吗？

如果怀疑自己已经陷入了校园贷陷阱，也不要惊慌，首先确认贷款公司是否正规，确认自己是否确实陷入校园贷陷阱，再有条理地一点点解决问题。

鉴别正规贷款公司需要注意的事项

鉴别是否为正规贷款公司时，需要注意以下几点：

一、自称无抵押贷款的一般都是骗子，他们经常会打着"大公司""全国各地都有分公司"等旗号，甚至一些贷款公司还会假借银行、知名小额贷款公司的名号来迷惑借款人，以取得借款人的信任。一些提供贷款的人虽然打着公司的名义，但是却查不到办公地址甚至没有营业执照。在这种情况下我们可以向工商局寻求帮助，查清楚真假。

二、对于一些门槛极低、放款速度快同时申请手续极为简单且看上去利息合理的贷款公司要提高警惕。看似贷款公司没有一点儿好处，其实就是为了吸引你跳入"陷阱"。除此之外，他们一般都只留下手机号、QQ号、联系人的姓名，不会留下固定电话或者地址。如果有，可以根据对方提供的信息验明真伪。

三、如果在你还没有得到款项时就被要求提前支付一些所谓的服务费、手续费等各种名目的费用，基本上是骗子无误，汇款后就会联系不上放贷方。一定要提高自己的安全防范意识，遇到骗子，一定要报警，协助警察处理。

陷入校园贷陷阱后的应急处理

发现自己陷入校园贷陷阱的时候，首先一定要保持冷静，不要害怕。不要想当然地认为校园贷和银行贷款是一样的，还不上贷款就是自己违法、会坐牢等。校园网贷属于民间借贷，是受民事法庭监管的，不受司法机关的管制，如果你受到暴力催债或者恐吓，一定要及时报警，法律是会保护你的，而且不需要自己支付相关费用，用的是公共资源。

其次，就是一定要勇于告诉自己的父母，不要因为羞愧或者担心被责怪选择隐瞒。这样只会让事情更加严重，以致无法控制事态的发展，到最后酿成悲剧。家人永远是你坚强的后盾，不管什么时候他们都是无条件站在你身后来支持你的人。在遇到困难的时候，他们首先想的是如何解决困难，然后才是提醒你要谨防上当受骗，这是温情的责备。

最后是一定要保存证据，才能证明自己的清白，保证自身合法权益的最大化。签合同之前要看清自己签订的合同是否符合正常借款合同，要保留借贷双方信息、转账凭证、银行流水等相关证据。如果有聊天记录、电话记录、催收短信、证人证言、录音等证据都要及时保存，方便在最后的诉讼中，拿出对自己有帮助的证据。

除以上几种方法之外还可以先咨询一下律师，法律规定年利率超过 36% 是不受法律保护的，年利率 24% 是受法律保护的，就算是复利计算利息的方法也不能超过 36%。还有一点需要说明的是，他们只有欠条是打不赢官司的，只有欠条与转账的凭证相对比才能打赢官司。所以一定要算清楚除去利息借的本金到底是多少。

现在骗子很多，骗子的套路更多，有时你不知不觉中就已经陷入了他们的骗局，因此在涉及钱财方面一定要提高警惕，加强金融知识方面的学习，提高自己的辨别能力。

第六章

如何应对校园贷

身处互联网时代，就离不开互联网金融。无论是京东白条，还是蚂蚁借呗，又或者是易分期，在这个时代中的大学生几乎不可能离开互联网金融。校园贷能够给学生提供资金需求，满足学生的消费需要，但同时也会被不法分子利用，成为他们危害学生利益的工具。那么，我们究竟应该如何应对校园贷呢？

001

正确识别非法校园贷

◎ 近年来随着互联网金融的兴起，越来越多的网络借贷平台露出水面。他们将眼光瞄准了充满青春气息的大学生，在校园内能够看到很多关于校园贷的小广告，写着"三分钟放款""利率低""手续简单，只需身份证和学生证即可办理"等吸引眼球的字眼。而这些看似普通、简单可行的方式却是非法校园贷的欺诈手段。大学生们应该学会鉴别非法校园贷的欺骗手段，清楚"天上不会掉馅饼"的道理，认清骗子的真面目。

非法校园贷的特点

　　在说明非法校园贷之前，我们先来简单介绍一下什么是符合规定的校园贷。2017 年，银监会、教育部联合人力资源和社会保障部发布《关于进一步加强校园贷规范管理工作的通知》（以下简称《通知》）表明，没有经过银监会批准的平台，禁止提供校园贷款服务。《通知》还表明，对于有贷款需求的大学生，鼓励商业银行或者政策性银行在掌控风险控制的前提下，有针对性地为大学生提供助学、培训、创业、消费等方面的金融产品。

　　而非法校园贷具有几点非常显著的特点，像信息审核不严格、高违约金、高服务费等都是非法校园贷的体现。这些非法校园贷在短时间内将原本的几千元贷款像滚雪球一样滚至上万元甚至数十万元。这些非法校园贷就是通过低门槛吸引大学生过度消费，不注重他们是否有偿还的能力也不保护借款人的个人信息，一旦还款人逾期，他们又施以暴力催款，引发悲剧的发生，给社会、学校、家庭等都带来伤害。

非法校园网贷的主要特点有：

第一，利率非常高。非法校园贷平台耍一些小手段用障眼法瞒天过海，使大学生难以发现端倪，陷入了高利贷的旋涡。学生网络借贷平台年利率在 10%~25%，而有的网络借贷平台年利率却高达 70% 以上。

第二，催款手段极其暴力、黑暗。非法校园贷平台通过设置陷阱使学生逾期还款，然后收取高额的违约金、暴力催款甚至威胁学生公布"裸照"。

第三，网络借贷平台在向学生提供贷款时，不对学生的偿还能力进行考察，因此向并没有太强还款能力的学生借款，导致恶性循环。

非法校园贷的几种典型套路

接下来介绍一下非法校园贷的几种典型套路。

1. 不良贷

这种套路主要是通过虚假宣传、降低门槛、对借款人隐瞒真实收费标准等不合规的手段吸引学生进行过度消费或者恶意引导学生进行贷款。

2. 高利贷

按照国家规定借贷双方约定的年利率没有超过 24%，受法律保护；借贷双方约定的年利率在 24%~36% 属于灰色地带；如果借贷双方约定的年利率超过 36%，视为高利贷，不受法律保护，是国家法律严厉打击的行为。

3. 多头贷

这种套路主要是指学生从多个平台上进行借款，"拆东墙补西墙，以贷还债"的行式，被称为"多头贷"。要高度警惕这种形式的贷款，极易产生巨额的还款问题。

4. 传销贷

这种套路主要是指非法校园贷平台通过招募在校大学生作为校园代理，然后在学校内发展学生作为下线，逐级进行敛财。要谨防掉入传销组织。

5. 刷单贷

有许多不良商家利用大学生找兼职的心理，以学生贷款购物刷单从中获得报酬的名义欺骗大学生。因此大学生不管是找兼职还是实习或者全职工作一定要去正规的公司，谨防主动介绍工作的"好心人"。

6. 裸条贷

这种套路主要是指放贷者通过威胁借款人用裸照或者视频作为贷款的抵押物行为。一旦陷入此种陷阱一定要主动寻求警察的帮助。

7. 培训贷

现在许多"校园贷"都衍变成为了"培训贷"，专门招刚毕业或者实习急于求职的大学生，打着培训的口号，让涉世未深、没有工作经验的大学生背上巨额贷款。

8. 美容贷

现在很多小型的美容院都是在外面寻找目标，第一步说可以免费扫码了解一下医院的项目，然后就会被忽悠到美容院或者整形医院，第二步原本说好的咨询或者是体验却变成了手术，没钱的话他们会给你提供贷款，第三步就是十分钟内就能放款，贷款三万五千元，利息五千元，申请的贷款直接进入美容院或者整形医院的账户。一定要谨防此种新型的诈骗手段。

如何识别非法校园贷

放贷者一般都会把自己的平台包装得非常好，能够准确抓住学生的心理，比如鼓励学生进行贷款的激励语，什么"助你实现梦想""实现你的创业梦，拥有人生的第一笔创业基金""投资自己，让自己更有竞争优势""零元购买手机"等都是骗人的手段。他们除了包装自己，其实还会给借款者设置各种各样的陷阱。下面这几点要注意了。

1. 打假借条

如果学生真实情况是借了两千元，放款方会忽悠学生打借条时写四千元，并表示这样写是因为自己需要有保障。到时候还款的时候只还两千元加利息就行了。其实这些都是他们设计的圈套。

2. 做假流水

为了躲避监督，放款方会和学生一起去银行转账做流水。假设转账金额是一万元，但放款方会要求学生立刻取出部分现金给放款方，此现金不计入还款。因此学生的借款额度是一万但实际到手的只有几千元。

3. 签假合同

通过宣称零元购手机或者是兼职等理由，要走学生的身份证，签订一些所谓的合同，其实是贷款或者分期协议。

4. 发展下线

其实他们在学校开始发传单开始，就已经是在寻找下线了，骗学生称自己是一个创业组织，欢迎学生们的加入。让学生帮助寻找目标，从中能够获得高额提成。

002

改善大学生校园借贷问题的对策

近年来，随着科技的发展，互联网在我们生活中的角色越来越重要。互联网金融产品的产生，给我们的生活带来了很大的便利。同时也有很多校园贷款平台应运而生。但是这类平台在改变大学生消费状态的同时也引发了很多问题，使大学生面临更多的风险。接下来让我们就校园贷出现的问题及应对策略进行分析，为了促进互联网金融市场的健康发展，让我们共同努力地改善校园贷的乱象。

大学生借贷存在的问题

大学生在社会上作为一个特殊群体的存在，具有很多特点，较强的消费能力、没有固定的收入来源或者是零收入、接受新鲜事物能力强、心智不成熟等都是大学生群体特有的现象。同学之间相互攀比，追逐名牌、时尚潮流，导致他们的消费水平迅速增加。但是由于学生除了家庭给的生活费之外，本身没有收入或者收入非常低，无法承受较高的生活水平，这一矛盾在社会上越来越严重。一些互联网公司就瞄准了商机，准确地抓住学生的几个特点，校园贷平台在短时间内迅速发展起来。由于国家没有出台针对大学生校园网络借贷相关的法律，缺少监管，校园贷在大学校园野蛮生长，直到最后造成悲剧的发生引发了社会舆论，将校园网络借贷平台推向了大众的视野。一时间，校园网络借贷平台存在的诸多问题引起了社会重视。

一、校园贷助长大学生不健康的消费观念

大学生正处于一个特殊的成长阶段，既没有中学时代的学业压力，又没有进入社会工作的社交、工作压力，处于一个时间自由、生活轻松的美好时段。他们虽然大部分都已经成年，但是心智不完全成熟，身边又没有老师、家长的监督，在这个物质发达、丰富多彩的社会环境中很容易迷失自己，形成物质攀比、盲目追求奢侈品等不良风气。而校园贷的兴起降低了学生的借贷门槛，满足了经济条件一般但是追求奢侈品的学生的购买欲望，无形中助长了大学生不健康的消费观念和虚荣心。

二、较大的债务压力影响学生的正常学习和生活

对于校园贷，很多大学生起初只是抱着试一试的态度，尝试小额贷款用于应急，但是随着使用率的增加，自身的消费观念也在潜移默化改变，消费水平越来越高，同时一些学生对于自己的还款情况没有正确的认知，高估了自己的还款水平，因此从一开始的小额贷款慢慢发展成为大额贷款还有高额利息。最终学生由于自己无法按时还款，只能向同学或者朋友借钱、生活上节衣缩食等。这些情况在某种程度上都会加学生的心理压力，长此以往导致学生无法安心学习和正常生活。

三、增加学生违法乱纪行为的发生

校园本是一片神圣的土地，但却总发生各种各样影响社会秩序的事件。其中一部分事件就是由于校园网络贷款引起的。有些学生在进行大额贷款之后没有足够的钱去偿还，面对较大的还款压力时发生违法乱纪行为。产生这种后果的原因主要有两个方面：一方面是因为学生属于高消费低收入群体，面对巨额还款没有能力偿还进而引发犯罪行为；另一方面则是因为大学生心智不够成熟，自控能力差。许多校园网络借贷平台正是利用学生的这一特点进行诱导，从而导致学生违法乱纪的行为大大增加。

四、造成大学生个人信息的泄露

随着互联网的发展，个人信息泄露也一直是困扰我们生活的难

题。据了解，现在很多校园贷平台只要一注册登录就可以直接查看借款人的各类个人信息，直接造成借款人个人信息外泄；还有一种就是工作人员利用职务便利，对借款人的个人信息进行打包出售以获得不法收入。更过分的是，一些校园借贷平台利用曝光逾期没有还清的借款人的个人信息来进行逼债，在某种程度上也增加了个人信息外泄的概率。

改善大学生校园借贷问题的对策

一、引导教育学生树立正确的消费观

一系列校园贷事件的发生，一方面是因为学生自己心智不成熟、盲目攀比，另一方面也是因为校园网络借贷平台的不良经营，还有就是因为学生缺乏金融知识和法律常识。因此，学校应该引导学生把精力放在学习上去，消灭同学之间互相攀比的不良风气，同时应该为学生提供金融、法律方面的知识指导，防止被不法分子欺诈。

二、完善对校园网络借贷平台的法律监管

层出不穷的校园贷事件在一定程度上反映了国家相关部门对校园网络借贷平台的监管不力。因此，为了改善大学生校园借贷问题，同时也是为了互联网金融能够更好地发展并服务于社会，国家应该尽早出台相关监管校园网络借贷平台的法律法规，并且由银监会、教育部门、工商部门等单位共同监管，最大限度地保证互联网金融市场的健康发展。

三、加强对大学生个人信息安全的教育

随着互联网的发展，个人信息更容易泄露出去并且危害也更加严重，大学生对于个人信息安全问题并不重视，给了不法分子可乘之机。因此，加强学生对于个人信息保护的教育，可以引起学生对于个人信息外泄的重视，从根本上提高了个人信息安全。

面对校园贷的建议

作为没有收入来源的大学生，要认清自己的消费水平，学会理性消费，适度消费，培养正确的消费观，不要与同学进行盲目攀比。如果遇到经济困难需要贷款的情况，一定要通过正规部门、正规方法，避免陷入不良校园贷陷阱。当有困难的时候要及时向家长和老师寻求帮助，及时沟通，不要被不法分子诱导，更不能为了满足自己的虚荣心而误入歧途。

003

校园贷还不上的应对方法

◎校园贷其实就是信用贷款的一种，只是贷款的对象是没有收入的大学生，因此经常会出现逾期或者违约的情况。如果校园贷还不上，我们有以下应对方法。

向贷款机构说明原因，申请延期

如果自己手中没有多余的钱去还贷款，建议主动向贷款机构说明情况，表明自己的态度，是愿意积极还款的，而不是故意拖着不还，取得对方的信任，申请还款延期，这样每月还款的压力就会比之前少一些。对于贷款机构来说相比于收不回借款，这样的方式是降低风险的好办法，申请延期他们会考虑的。但是要知道，申请延期也是根据实际情况决定的，只能用于紧急情况，不能经常使用，否则很容易被贷款机构登记入册，影响以后的贷款信用。

　　另外还可以向亲朋好友寻求帮助，找他们先借点钱把贷款还上，然后再慢慢还亲朋好友的钱，因为逾期是有利息或者罚款的，能早点还上尽量早点还，以免逾期之后利滚利，欠款越来越多。千万不能对逾期置之不理，造成最后巨额欠款，被贷款机构催债。

　　以上方法行不通的时候，可以找担保人做担保，不过这种方法很少见。具体的做法就是可以找一个信用征信良好的人作为担保人，向贷款机构担保，给自己一个缓和还款的空当期，确定一个时间以后再开始还款。这种办法可以解决近期还款的压力，但是从长远来看的话，未来还款压力会更大，这样的解决方法适合在未来有较强还款能力的借款人。如果借款人在未来日子中不能按时还款，这对于担保人来说是承担了还款和信用风险。所以如果有朋友找你做担保人的话，要三思而后行。

切忌再向其他平台贷款

　　这是最重要的一条。当还不上校园贷的时候记住一定不要用"拆东墙补西墙"的方法去填补原来的贷款，这样不仅不会缓解你的经济压力，反而更容易使自己陷入欠款的无底洞。如果可以向其他人借钱，宁愿低头求别人也不要再向其他校园借贷平台借钱，如果是真的借不到钱，不能向其他平台借款。虽然向其他校园贷平台借款，放款很快，但是由于校园贷款是属于信用贷款，所以在方便快捷的同时也会伴随着很多的风险。其中影响最大的就是面对逾期所产生的各种各样的费用。一家贷款平台逾期所要支付的各种费用就难以支付，那么多家平台的各种费用相加就更不是一笔小数目了，会呈几何式速度增加，这样下去很容易形成无底洞，导致贷款人一直被贷款缠身。

申请最低还款金额

贷款的风险主要来自逾期，能不逾期就不要逾期，如果到了还款日确实拿不出来那么多钱，可以主动联系贷款机构要求申请最低还款金额。或许你们会疑惑贷款机构这么好商量吗？事实确实如此，因为贷款机构的目的就是赚钱，如果你申请最低还款金额的话最终还款总额是不会有影响的，只是这一个月的还款金额有所变动，甚至因为申请最低还款金额还要多支付利息，对贷款机构也没有什么损失。

在与贷款机构商量的时候要态度明确，因为这是信用贷款，没有任何资产抵押，贷款机构最终也是想要收回借款。一般情况下，贷款公司都会同意的，因为逾期对双方都有损失。逾期之后，贷款机构就得替借款人支付滞纳金和各种罚息（有很多贷款机构的资金都是来自银行，防止资金链断裂就得缴滞纳金等费用），然后还要请人向借款人追债。曾经听说过这样一种说法，贷款机构如果超过一定的逾期金额没有追回来，就会面临破产。所以，借款人逾期之后他们会狠狠敲借款人一笔，但是也会承担相应的风险。因此，为了降低风险，贷款机构也不想借款人逾期。所以如果还不上的话，贷款机构并不是没有商量的余地。

跟催收好好谈判

如果逾期了，首先要保持冷静，接到催收的电话或者短信，也不要惊慌，要好好跟催收人员谈判。一般情况下，催收分两种方式，一种是前催，另一种就是委外。

在逾期时间较短的时候，负责催收的人一般还是贷款机构内部的工作人员，也就是前催。因为前催是贷款机构的人，可商量的余地还有很大，你可以跟他们说需要延迟一段时间。一般前催的业务很多，他们为了省事不会说太多废话，只要能看出你的还款意愿，只是一时间资金周转不开，他们愿意帮忙。由于前催时间有限，一般都是只联系当事人，不追究其他的底细。

委外的催收情况就不会这么简单了。贷款机构会将逾期超过2~3个月难回款的案子委派给专业的收账公司，让他们代替收账，然后贷款机构付出相应的报酬。这些收账公司有自己的渠道可以获得欠款人的信息，然后运用各种各样的手段逼欠款人还款，也就意味着会增加各种各样的风险。更重要的是如果这家收账公司没有追回来欠款，就会有另一家收账公司接手，部分公司还会带有黑社会性质，对欠款人会有永无止境的、各种各样的手段。因此，面对这样的催收手段，态度一定不能太过强硬。

004

校园贷不还须承担的后果

◎ 四百名大学生为了购买高档手机向校园贷平台借款，长时间不还而且根本就没有打算还，后来被广西某金融投资公司告上了法庭，原因是借款合同纠纷。这些大学生不以为然，自发建立了一个被告群，面对法院的各种传唤采取消极态度，比如不接收法院的相关材料、不参加座谈会、不出庭应诉等，甚至还认为，国家打击非法校园贷、高利贷，他们借的钱就可以不用还了。

那么，借了校园借贷平台的钱，只要是高利贷，真的就像学生想的那样可以不用还了吗？事实并非如此。

校园贷不还会有什么法律后果

只要学生与金融投资公司签订了借贷合同，而且该合同是在双方自愿的情况下签订的，没有违反法律强制规定，就是有法律效用的。根据《最高人民法院关于审理民间借贷案件适用法律若干问题的规定》，借贷双方约定的年利率如果超出 36%，那么超出的部分是无效的。也就是说合同还是具有法律效应的，如果约定的利息过高，超出部分的利息是无效的，但是本金和合法的利息还是要还的，是受法律保护的。

如果大学生向校园贷平台借了钱不还，而且对于贷款公司的诉讼采取逃避不应诉的方式，法院可以缺席审判，这样对大学生是非常不利的。在判决生效后如果大学生还不予以还款，贷款公司有权请求法院强制执行。如果大学生在法院强制执行的情况下依然不配合，那么将会因为没有及时履行法院的判决，而被纳入法院的失信执行人名单，就是我们平常说的"黑名单"。一旦被列入法院黑名单，学生不仅要还钱，还会留下个人信用污点，对学生的生活、学习、工作各方面都会产生不好的影响。

在生活中，大学生应该树立正确的消费观，对于超前消费的观念可以保持，但是不能过度依赖，要懂得适度消费，量力而行。对于校园贷、分期贷、现金贷等可能出现的高利贷不要介入，最好能够避而远之。如果借了款要及时还清，不要想着钻法律的空子，最后赔了夫人又折兵，得不偿失。

校园贷逾期是否会被纳入征信系统

因为校园贷方便快捷的特点在学生中很受欢迎。据调查，某地区的派出所在其所管辖的高校中开展了一次规模五万人的问卷调查，调查结果显示，其中有 5% 以上的在校大学生用过校园贷，有不少人有逾期不还的情况。曾经有记者就校园贷情况做采访，就发现有不少人在借款平台上借钱之后逾期不还的情况。

从采访中发现，很多逾期不还的人都认为在校园网络借贷平台借款，就算是逾期也不会在征信系统上留下信用污点，影响自己以后贷款。通过某校园网贷的工作人员了解到，网贷逾期是否会纳入征信系统是要根据具体情况判断。

如果是通过支付宝平台的"蚂蚁借呗"借款，出现严重逾期情况的话，是会出现在征信系统中的。因为"蚂蚁借呗"主要对接的是阿里巴巴平台的小贷贷款，因此在征信系统中可能就会体现为"小贷公司发放的信用贷款"，是纳入征信系统的。

如果是通过微信平台借款，是很有可能会出现在央行的征信系统中的。因为在微信平台上借款实际上是在向微众银行申请信用贷款，微众银行属于银行性质，所以个人征信很有可能在央行征信系统中体现。

据了解，目前还没有校园贷平台直接接入央行征信系统。只有一部分网络借贷平台因为与银行有相关征信的合作，因此如果在借贷平台上有不良记录，便会被纳入央行的征信系统。为了网络借贷市场的健康发展，帮助 P2P 网贷公司实现网贷信息共享，加强信用风险控制，央行征信中心管辖的上海资信有限公司建成了网络金融征信系统，现已经接入上百家网贷公司。未来，会有更多的网络借贷平台接入征信系统。

无论是申请校园贷产品还是分期付款，都应该控制在自己能够承担的范围之内，同时要按时还款。逾期罚息也是会留下信用污点的。

校园贷不还的影响主要体现在以下方面

借钱之后不还的后果主要有这几方面的影响。

一、产生信用污点

很多人认为现在网络借贷平台没有接入央行征信系统，也就认为逾期或者不还不会留下信用污点。虽然现在还有部分网络借贷平台没有接入征信系统，但是并不能表示这些平台永远不接入征信系统。现在已经有蜜蜂数据等第三方征信系统可以查到借款人的征信情况。如果个人征信有问题，会大大降低之后在网络平台上申请贷款的通过率，而且在正规金融机构也无法成功贷款。

二、承担高额逾期费用

逾期费在不同的借贷平台付费标准也不一样，有的平台称其为滞纳金，有的叫逾期管理费，不管怎么样，只要贷款分期没有按时还上，就要多支付费用，而且这部分费用都是比较高的，会给借款人带来很大的还款压力。长期无法按时还款的话，只能债滚债，越来越难以还清。

三、或许有牢狱之灾

虽然校园网络借贷平台的利息比正规的借贷公司要高，但是仍然是受法律保护的。贷款平台对于无法收回的借款依旧会走法律程序。在打官司过程中如果借贷平台胜诉，作为借款人不仅要还清本该偿还的本金加利息，还要支付双方的诉讼费和高额罚息，严重的话还会被判刑。

四、承受高压式的催收

如果借款人逾期时间较长，借贷平台就会一直向借款人打电话，如果联系不上借款人，还会给周围的亲朋好友打电话，逼迫借款人还款。给贷款人的家人平静的生活带来影响。借款人也会因此备受舆论的煎熬，如果心理素质差的人遭受如此催款方式，一定会崩溃的。

第七章

对校园贷的治理

不良校园贷的出现不仅扰乱了学生的校园生活，还对学生的家庭造成了一定的伤害，影响了社会经济秩序。因此治理校园贷必须早日提上日程。各个相关部门都要依法严格执行，针对校园借贷行业要疏堵结合，营造一个健康可持续发展的校园借贷市场。

001

最高检：检察机关依法惩治校园贷

在现如今的生活中，如果我们想买房或者买车，但是又没有能力支付，只能去银行申请贷款。银行给我们贷款也是要承受一定风险的，所以在审核的时候就会很严格，需要对申请人的还款能力、资产抵押等经济方面进行全方面的考察。一些不法分子正是利用银行申请贷款难这一点，将魔爪伸向了具有高消费力、没有还款能力、没有资产抵押的大学生，因此造成了许多恶性事件。那么，校园贷都有哪些法律风险呢？其中又会涉及哪些犯罪条款？

校园贷中涉及的法律问题

校园贷的本质是民间借贷的一种形式，大体涉及的法律问题有以下几方面。

1. 校园贷中可能涉及高利贷法律问题

如果校园贷中存在高利贷的问题，应该根据最高人民法院关于民间借贷的司法解释，审核申请的校园贷利息是否在法律保护的范围之内。也就是说利息是否超过36%，如果超出法律规定的36%，就属于高利贷，超出部分不在法律保护的范围之内，对于超出的部分借款人可以追回。

2. 校园贷（特别是裸贷）涉及的法律责任问题

针对被曝光的校园贷恶劣事件，可以发现很多女大学生都是以"裸条"抵押作为放款条件的，也就是我们常说的"裸贷"。《民法通则》第3条规定，当事人在民事活动中的地位平等。也就是说一切民事活动应当尊重社会公德，不得损害社会公共利益，扰乱社会经济秩序。同样的，《合同法》第7条规定，当事人订立履行合同，应当遵守法律、行政法规，尊重社会公德，不得扰乱社会经济秩序，不得损害社会公共利益。从以上规定可以看出，合同内容违反社会公德、扰乱社会经济秩序均被视为无效。而被爆出的"裸贷"事件，很明显地违背了社会公德。

以女大学生"裸贷"为例，分析可能触及的刑事责任

校园贷被一些不法分子利用，严重扰乱了互联网金融行业的正常发展。在毫无信用、毫无尺度的规则中，"裸贷"非常容易触碰法律的红线。据"裸条"借款的学生描述，放贷人承诺被拍的裸照只是作为借款的抵押，不会流传出去，只要借款人按时将贷款还清，他们就会把照片删除。然而事实却是，大学生的裸照或者视频却被发在了 QQ 群、贴吧、违规网站、论坛等明码标价，公开叫卖。针对这一行为，"裸贷"涉及的刑事责任有以下几点。

一、涉嫌敲诈勒索

在"裸贷"风波中，如果借款人无法还清贷款，往往会被放贷平台以公布裸照或者视频作为威胁，从放贷平台的行为上看符合敲诈勒索罪，但是敲诈勒索罪属于侵财型犯罪，主要目的是为了非法占有他人的财物。因此，如果只是针对本金的返还进行威胁是不构成敲诈勒索罪的，对超出法律保护部分的高息达到定罪的数额，就构成敲诈勒索罪。

二、涉嫌传播淫秽物品

裸照的出售者、转发者、传播者都属于传播淫秽物品，但是判定是否构成犯罪，有判断标准。这一标准主要分两方面，即传播数量和牟利数量。比如，淫秽视频或者照片发布到网上就要看点击率和阅读量。如果是出售淫秽物品，就要看出售的淫秽物品的数量和他们从中获取的金额。

三、涉嫌侮辱罪

放贷者非法将借款人的裸照或者视频上传到网上的行为，是贬低和不尊重他人的人格，破坏他人的名誉，情节严重者，能够构成侮辱罪。

校园贷潜在的风险

校园贷的乱象充分说明了有很多潜在的风险，从大的方向来说有以下几方面。

一、对于借款人来说信用违约的风险较高

主要有三方面的因素。第一，由于校园网贷平台审核流程简单、手续简便，无须任何抵押，对大学生的约束力度弱。第二，校园网贷平台对违约学生缺乏有效的制裁。最常见的就是将违约大学生列入网贷平台黑名单。还有一些与银行有合作的网贷平台，在处理大学生逾期情况时会将大学生的征信记录直接接入央行征信系统。但国内征信系统体系的不完善，使有不良征信记录的大学生依然能够在网络借贷平台上重复借贷，违约成本低。第三，校园贷的高利率或者高服务费增加了信用违约的风险。经济状况不好的学生可能会因为较高的利息而无法按时还款不得不拖欠借款。

二、校园网贷平台恶性竞争，经营风险较高

由于校园网贷平台在最近几年发展迅速，网贷平台为了抢占大学生信贷市场，存在恶性竞争。在恶性竞争的借贷市场中，为了得到更多的市场份额，网贷平台就降低放贷审核标准，增加了公司经营的亏损风险，同时也增加了坏账风险。大部分网贷借贷平台会对部分网贷产品提供资金担保，承诺借款人没有按时还贷款时，由借贷平台替借款人还款。一旦借款人发生违约，高额的坏账率就会将互联网金融公司拖垮，最终倒闭。

三、技术安全和信息泄露风险

由于现在互联网金融是以大数据、云计算为基础的新金融模式，目前我国仍然没有建立相关的信息安全风险控制机制。网络安全仍然是网络借贷市场健康运营的关键，技术漏洞、管理缺陷、人为因素等都可能影响网络信息安全。同时学生在申请贷款时提交的个人信息资料，很可能造成个人身份信息泄露，使处于弱势地位的大学生陷入洗钱、套现、欺诈等违法行为中，给学生带来很大的损失。

四、网贷的暴力催款方式，容易造成人身意外风险

一般正规的贷款机构会在还款日期之前通过发短信、邮件、打电话等形式通知借款人及时还款，逾期之后会通过法律手段进行催款。而不良校园贷平台的催收方式简单粗暴，给大学生的心理造成极大压力，心理素质差的学生容易走极端，可能因此发生意外事故。

002

银监会整改校园贷的五字方针

◎ 2016 年 8 月 24 日，银监会正式发布了《网络借贷信息中介机构业务活动管理暂行办法》（以下简称《办法》），以负面清单的形式划定了业务边界。银监会普惠金融部网贷处处长表示，在负面清单中增加了相关要求，如不得吸收公众存款、不得归集资金设立资金池、不得自身为出借人提供任何形式的担保等十三项作为禁止性条款。还提出了五字方针，即"停、移、整、教、引"。

综合来看，实施的难度较大，但是我们不希望校园贷款乱象使学生过度消费，不能让学生将透支金钱、信用作为满足消费欲望的代价。既然事情已经发生，我们就应该制定应对方法，减少恶性事件的发生。

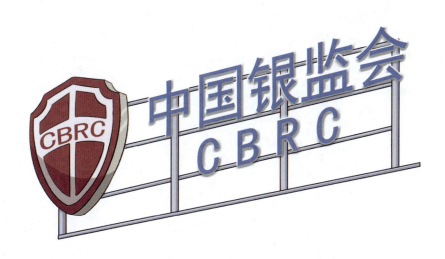

五字方针的内容

2016 年 8 月，银监会明确提出了"停、移、整、教、引"五字方针，针对"校园网络借贷"还特别提出了"对于借款人要具备与还款能力相匹配"的要求，以整顿行业乱象、规范平台经营。

"停"是一种分类整治的想法和思路，对于那些不良校园网络借贷平台涉及的暴力催收、恐吓等违法违规行为，要暂停他们对大学生提供贷款的业务。行业内部专业人士表示，这是非常有必要的，因为这些平台通常前期申请贷款时的审核条件非常低，到最后催款的时候就采用简单粗暴、恐吓的手段威胁、骚扰甚至殴打借款人达到催收的目的，无疑是对整个行业的巨大伤害。

"整"是对现存校园贷业务的整改，包括增加对借款人资格的评估，增加第二还款来源，增加相对的应对风险措施。之后陆续有城市相关部门联合发文，明确表示不得仅凭学生证、身份证等方式办理贷款手续，向学生发放贷款前必须经过第二还款来源即家长或者监护人等签字同意才能发放贷款。尽管流程上比之前复杂一些，但是能够避免由于学生不理性消费而向家长隐瞒贷款的事情发生，同时也能减少逾期的风险。

"移"即涉及违法违规的行为，要按照相应的管理规定移交相关部门。通过银监会与地方金融监管部门相配合，共同管理、规范、促进网络借贷市场的健康发展。

"教、引"就是加强对学生的教育引导，引导学生树立合理的消费观，来规范整个校园网络借贷平台的行为。这是解决校园贷恶性事件的重中之重。目前我国还没有完整的财商教育体系，大学生较强的消费欲望不懂得自制，对借贷的后果严重性也没有深刻的意识。如果不给予学生正确的消费引导，对校园贷的治理只是治标不治本。学生毕业之后在社会上依然可能因为其他事情而进行借贷或者过度消费而遭受资金上的损失。

如果五字方针得以有效的执行，那么校园网络贷款的乱象就可以得到立竿见影的改善，使学生的生活回到最初的平静。相信这一天马上会到来。

003

校园贷的整改措施

◎ 校园贷步入校园有将近十年之久，虽然时间不短，但还总会发生一些让人毛骨悚然的事件。校园贷的监管该何去何从？2017年5月27日中国银监会、教育部、人力资源和社会保障部下发了《关于进一步加强校园贷规范管理工作的通知》（以下简称《通知》），要求未经银监会允许的网络贷款平台一律禁止在校园内展开借贷业务，对于存量业务要在规定的时间内完成整改计划，明确退出时间表，并鼓励商业银行和政策性银行等合规金融机构进入校园为学生提供借贷服务。

未经监管部门批准不得开展校园贷

本次《通知》的发布，是针对之前银监会、教育部等六部委发布的《关于进一步加强校园网贷整治工作的通知》之后仍存在的一些校园借贷乱象的补充。《关于进一步加强校园网贷整治工作的通知》印发以来，一些网贷机构针对学生开展的借贷业务仍然处在校园贷红线之外，一些地区的"求职贷""培训贷""创业贷"等不良借贷问题最为突出，严重影响了校园安全，侵犯了学生的合法权益，同时给社会也带来了不良影响。

暂停网贷机构开展在校大学生网贷业务，将存量业务逐渐消化，明确退出时间，在整改计划内完成整改。监督网贷机构按照分类处置业务，根据违法情节轻重、时间长短、业务规模等情况，制订相应的整改计划，对于一些未能在整改计划内完成或者拒绝整改的机构，强制暂停其一切对校开展借贷业务，依法惩治，对涉嫌恶意欺诈、暴力催收、恐吓等违法行为，应该移交公安、司法机关，追究刑事责任。

《通知》表示要加强学校大学生相关教育。第一就是要做好引导工作，向每一位学生发放校园贷风险告知书并签字，让他们对校园贷的风险有更深刻的认识，每学期学校应该组织学生开展一期校园贷的宣传教育活动，运用典型案例让每个学生对校园贷的危害提高警惕。第二是加强校园的排查整治机制，针对一些校园贷代理人、地推、小广告宣传等要严格排查，禁止这些宣传方式出现在校园，提供不良校园贷举报渠道。第三是要建立应急处置机制。对于发现一些参与不良校园贷事件的学生，应该及时告知家长，学校与家长一起商量做好应急措施，将可能出现的危害化为最小。第四是学校要做好学生资助工作。第五是建立有关不良校园贷问责机制。

鼓励合规机构进入校园

除了学校要加强引导学生的教育外，各地金融相关监管部门也要加强引导和鼓励商业银行和政策性银行等合规机构进入校园，给有资金需求的大学生提供合法合规的金融服务。合规机构进入校园也需要制定相应的规章制度，比如应该制定正负面清单，明确规定校园市场的准入机构和准入标准。各地教育部门、高校应该做好对接工作，采取有效措施，落实监管部门的通知，做好防范违规放贷平台进入校园的措施。

各地人力资源和社会保障部门应该加强人力资源市场和职业培

训机构监管，针对一些未经许可就擅自从事职业培训的机构应该严加查处。这些所谓的培训机构不仅侵害学生的就业权益，还经常捆绑信贷业务向求职人员推荐。针对这一社会现象，人社部应该加大力度严加管制，杜绝一切以培训、求职、职业指导等为名义的借贷业务。

《通知》提出的四点要求

《通知》中提出的要求：

一是疏堵结合，建造一个健康的校园贷市场环境。商业银行和政策性银行在风险可控的前提下，为学生提供具有针对性的助学、培训、消费、创业等金融产品，为大学生提供定制化、规范化的金融服务，对于借贷额度和利率要合理。同时为了防止校园贷欺诈、高利贷和暴力催收等违法行为的出现，杜绝未经监管部门批准设立的金融机构向大学生提供借贷服务。

二是整治乱象，暂停网贷机构向学校开展的一切金融业务。现阶段，应该暂停一切未经监管部门批准的校园借贷平台的业务，对于一些不服从安排的机构或者整改态度端正的机构要依法予以关闭取缔。

三是综合措施，各个部门多管齐下，加强学校、校园贷平台的监管。学校对学生的引导和教育，政府部门对校园借贷平台的监管和惩治都需要制定明确的法规，尽早提上日程。

四是各个地区部门分工负责，相互配合，公共治理，促进校园贷市场的健康发展。要求各个地区认真梳理管辖区校园贷规范管理工作的内容，做好落实，并及时向银监会和教育部等相关部门做书面报告。

005

多方合力共治校园贷

 一个行业的健康发展，是需要业内相关部门的默契配合和共同努力的，仅靠一种角色的努力是无法实现行业的持续健康发展的。校园网络借贷平台的整改除了严格审核、加强自身的监管、实行借贷人信息共享外，还需要借贷人自身提高警惕性，分辨不良校园贷的陷阱，控制消费，加强理性消费的意识，对于金融理财知识有相关的了解，树立正确的人生观、消费观、价值观。除此之外，家长和老师应该多关心学生，与学生经常沟通交流，多了解学生的想法，引导他们选择正确的道路，防止一步错，步步错。对于一些不法分子的暴力追债、违法行为等，执法部门应该严格排查，将一切可能发生的罪行扼杀在摇篮里。

政府部门针对校园贷的整改策略

校园贷的出现既解决了需要资金的学生的问题，同时也助长了一些学生的不良消费习惯。为了能使校园网络借贷平台更好地为学生提供服务，作为政府、教育部门规范校园借贷市场是义不容辞的责任，引导学生有正确的消费观，避免学生对校园借贷过度依赖。对此政府部门应该积极采取措施，实施整改策略。

近年来，政府部门为了整顿校园网络借贷的乱象，政府、教育、金融相关部门先后联合一起发布了多项制度。2017年5月，银监会、教育部、人力资源和社会保障部联合出台的《关于进一步加强校园贷规范管理工作的通知》（银监发〔2017〕26号，以下简称《通知》），相比较以前出台的相关制度，本《通知》对从源头上治理校园贷乱象、防范和减小校园贷风险给出了更加严格的措施。明确指出，暂停网络借贷机构对校园开展的一切金融业务。

整治校园贷不良现象，作为银行业应该率先积极推出应对政策，按照政府下发的有关文件，研发一种针对在校大学生需求的金融产品，要科学设置信贷额度和利率等，在能够满足学生资金需求的同时也能有效地控制风险，正好可以解决面向校园、面向学生金融服务覆盖不全的短板。

2017 年，建行率先发布了业内首款"金蜜蜂校园快贷"，随后中行也推出了"中银 E 贷·校园贷"，这两项针对学生的贷款产品，是银行进军校园贷的初步试水。这次银行提供的校园贷与之前银行向学生办理的银行卡不同就在于申请流程的不同，相比较申请信用卡，银行校园贷申请流程更为规范，极大地避免了信用卡的"高注销率""高搁置率"等浪费资源的问题。同时与贷款最紧密相连的利率也是相对偏低的，不像其他校园网络借贷平台打着"低利率"的幌子，然后收取各种费用最终变成"高利贷"。

而银行新研发的借贷产品，可申请的额度既能有效满足学生的必须花费，也能控制学生高额度乱消费，对学生理性消费有促进作用。还有一点就是银行校园贷偿还期限相对较长，给没有收入或者收入低、偿还能力弱的学生群体以缓和的时间，同时降低了坏账率。

学校针对校园贷应该注意的事项

学校是教书育人的地方，完善对大学生教育管理的内容是学校应承担的义务。为了有效遏制不良校园贷的恶性循环，正确引导学生的消费观，应该注意以下几点。

如果想要把校园贷的危害消除掉，对学生进行思想教育，正确引导学生是必须的。加强学生的科学理财教育，培养学生正确的理财观念，教育学生养成勤俭节约的好习惯，学校组织开展金融知识方面的公开课或者活动，向学生普及校园贷的风险和危害。帮助和引导学生树立合理健康的消费观念与诚信意识，让学生远离不良校园贷的魔爪。

要做好资助与育人的结合。对于家庭经济困难的学生学校应该做到精准扶贫，对于扶贫标准应该合理确定，真正有效地帮助到经济困难的优秀学生，帮他们解决学费、住宿费、每月定时发放生活费补助等实际生活问题。学校应坚持立德树人，做好诚信教育、责任教育、感恩教育等，培养学生的感恩意识和责任意识，使他们能够顺利完成学业。

家庭针对校园贷应该注意的事项

家庭对一个孩子的成长有着最根本的影响，家长要帮助大学生养成科学理财、合理消费的习惯。俗话说"三岁看大，七岁看老"，虽然这不完全准确，但是在某种程度上说明了家庭教育对于一个孩子的影响力和重要性。所以，大学生消费观念的养成与家庭的影响有着密不可分的关系。尤其是父母的消费行为和消费习惯往往会在潜移默化中影响着孩子。为此，父母应该以身作则，理性消费，给孩子做一个勤俭节约的好榜样，毕竟父母是孩子的第一任老师。也许嘴上的教育孩子不能完全听进去，但是行动的力量是不可忽视的。

然后就是要有意识地培养孩子的理财意识和财产规划能力，教育孩子要学会合理消费。将正确的理财观念、债务偿还、投资、勤俭节约、诚实守信、消费原则和方法等概念言传身教地传递给自己的孩子，培养他们树立健康的理财观念，养成良好的生活消费习惯。

同时家长应该多关心学生的生活，掌握学生的生活状况和心理变化，对学生多一些在校园贷方面可能出现的风险方面的教育提醒，承担起学生的监护责任，让学生远离校园贷。

校园贷的服务对象是大学生，校园贷乱象频出的原因除了校园贷平台本身的问题，最主要还是大学生自己的问题。因此，校园贷的整改，关键在于大学生对待校园贷的态度。培养正确的消费观，让不法分子没有可乘之机。

第八章

校园贷的典型案例

"前车之鉴，后事之师。"大学生如何才能够清晰地认识到校园贷的危害？如何提高辨别校园贷诈骗类型的能力？如何谨防校园贷的陷阱？通过案例，认清不良校园贷的危害，保护好自己的财产，才能让自己的大学生活更美好。

001

案例一：代办申请诈骗

◎ 2015 年河南某高校学生杨某在校园看到一则宣传广告。上面这样写道："亲爱的同学们大家好：我们是各大贷款平台机构的代理人，可以为广大学生提供贷款渠道，您如果想贷款的话，我们将会竭尽全力为您申请！请拨打电话××××××××××办理。"看到这条宣传的时候，杨某并没有怀疑，就按照上面给的联系电话直接拨打过去了。联系上平台之后，对方要求杨某提供全套的身份证件，包括学生证、身份证等个人信息，除此之外还要求杨某支付两百元的贷款代办费。几天后，杨某收到代办方的电话，称贷款没有申请成功。杨某没有多想，便放弃了。

可是就在两个月后，杨某却收到了催收还款的电话和短信，称其贷款已经逾期应及时还款。杨某这才明白，自己被骗了。

上述案例是一起典型的非法代办申请贷款诈骗事件。骗子自称是各大贷款平台和机构的代理人，为了诱使受害者提供自己的身份证等一系列敏感的个人信息，并要求现场录制视频然后提交申请，收取受害人的代办费。提供信息、录制视频、提交贷款申请、收取代办费，这一切看来好像都顺理成章，但是最后总会被告知没有申请成功。实际上骗子拿着受害人提供的全套个人身份信息在贷款平台或者机构已经完成了申请。

根据相关法律的规定，本人用真实信息在网站上注册认证下单的业务都被自动认为是本人真实意愿，所以是学生和贷款机构建立了合同关系。也就是说合同关系中的双方当事人是学生和贷款机构，对于签订合同项下的债务，只能由债务人（学生）履行。对于骗子而言，贷款机构与他们没有法律上的关系，也就无权让骗子还钱。

通过上述代办申请诈骗的案例，我们一定要反思，谨慎小心生活中防不胜防的各种圈套。申请小额贷款的时候直接下载 APP 然后与贷款机构直接联系，申请过程中遇到不明白的问题直接向平台请教。对于自称是代理贷款机构业务的任何中介和平台都不可轻易相信，更不能把自己的敏感个人身份信息轻易提供给这些代办方。

如果想要办理贷款，一定要找专业机构，如果自己的信用、资产各方面都能达到银行申请贷款的条件，直接找银行办理。如果是通过找中介机构代办申请贷款，首先要明确的一点是在没有放款前不用缴纳任何费用，其次要了解与自己匹配的贷款产品，比如利息、额度、放款时间等。一般情况下，只要自身资质不是太糟糕（从信用、资产情况等方面判断），申请的贷款一般都可以成功办理。

如果找代理人或者机构申办贷款，准备要签合同的时候，请一定要仔细看清合同的各项条款，有不明白的事项要问清楚，口头约定一概不算。看合同的时候重点注意收取的服务费用、其他成本费用、代办费用、所选贷款产品的额度和利息以及放款时间，正规机构对于以上涉及的内容都会明确地写在合同上。

002

案例二：不要将个人信息借给别人去贷款

贵阳某高校学生刘某和同宿舍的几名同学自 2015 年 9 月开学以来，几乎每天都会收到校园网络借贷平台的催款电话和短信。通过向打电话来的网络借贷平台客服人员的打听他们了解到，刘某和同宿舍的同学已经有几笔贷款一直没有按时还，严重逾期。而刘某和舍友表示这些贷款他们一分钱都没有拿到，甚至都不知道，哪来的还钱一说呢？让我们看看究竟是怎么回事？

原来 2015 年 10 月以来，刘某的同学秦某以自己资金紧张为由请刘某和周围同学帮他在网上贷款。由于网上贷款申请手续简单而且门槛低，只需要填写个人身份证信息、学信网截图、联系方式等直接认证即可，不需要任何抵押和面签，所有申办流程都是在网上操作完成的。所以，当秦某提出请求的时候，同学们都没有拒绝，毫无疑虑地将自己的个人信息交给了他。可是，谁曾想他竟然没有按时还款？所以借贷平台的工作人员就向这几位同学打电话催款。

于是刘某和舍友们到贵阳管辖区派出所报了案，随后嫌疑人秦某涉嫌诈骗被警方强制执行刑事措施。通过调查了解，秦某在过去一年的时间内，一共利用二十八名同学和朋友的信息在不同的校园网络借贷平台上共获得贷款数额四十多万元。到 10 月份，秦某在校园贷平台上借贷的四十多万本金再算上利息、逾期违约金、逾期利息、滞纳金等各种费用累计高达一百多万元。

校园网络贷款公司为了扩大市场占额，增加用户数量，都降低申请标准、放松审核流程，对申请贷款的大学生审核要求非常简单。很多校园网络贷款平台为了减少麻烦，直接在线上完成全部授信。主要就是在填完个人的身份信息之后，通过远程视频、录制视频等途径确认申请信息，有的甚至只需要提供学生证和身份证就可以完成全部流程。

通过上述大学生将个人信息轻易借给同学去贷款的案例中，可以看出问题主要出在借款人利用他人的信息在借贷平台上进行借贷。与其他借贷平台相比，这种情况大多发生在校园中，从侧面也反映了大学生对自身信息安全保护的意识较弱，个人信息、身份证件、手机等私人物品很容易被身边人借到。还有就是因为学生的社会经验少，法律意识、信用意识薄弱，没有风险控制意识等，对需承担的后果认识不足，此类现象也会时常发生。

对于这种情况律师表示，很多同学都是在知情的前提下主动提供个人信息，而且没有准确的证据能够证明所贷的款项均被秦某使用。因此个人必须先承担起债务风险和责任，然后再向秦某追究责任。

一旦自己的身份被别人用来申请贷款，很可能会给自身带来很多麻烦，也就是所谓的"被贷款"情况。如果是将自己的身份信息借给他人用来贷款，没有充足证据，那么借贷平台或者机构就会认定你是还款人，如果冒用者没有能力还款，那么借贷平台就会向你催款，让你进行还款。因此，遇到这种情况的时候你会承担什么样的后果呢？通常有两种情况：

第一种情况就是如果网络借贷平台得知借款人确实是借用他人的身份进行贷款，然后要求对方继续偿还贷款的金额，这种情况下对自己没有什么影响。

第二种情况相对来说就比较麻烦了，如果借款人没有能力偿还贷款金额，借贷平台就会进行起诉，那么起诉的对象就是借款人填写信息时的身份证主人，也就是自己。在司法判决过程中，受害人往往会因为缺乏有力的证据以败诉告终。

其实发生个人信息被冒用成功申请贷款的事情，校园网络借贷平台也需要承担一定的责任。只是一旦走法律程序，在败诉的情况下，一切后果都要由受害人承担了。因此，大家一定要提高身份信息安全保护意识，谨防"哑巴吃黄连，有苦说不出"的状况出现。

针对这样的校园贷问题，借贷平台应该加强借贷人的身份核验，通过更多的技术手段确定申请人的真实身份，排除冒名申请贷款的情况，在核实了申请人的真实身份之后再放款。同时平台应该加强风险控制水平、严格内控流程，减少行业内的恶性竞争。此外，学校应该加强学生自身信息安全保护意识的教育，从源头上杜绝不良校园贷恶性事件的发生。

还有的学生认为彼此关系比较好，然后就会轻易答应对方的请求，用自己的名义帮对方申请贷款。小芳和小英就是典型的例子。

2016年1月的某一天，小芳的室友小英（化名）向她提出请求，想让小芳在网络平台上以自己的名义帮她申请贷款，额度大概为一万元。小芳觉得平时也都是一起生活的好朋友所以想都没想就答应了，然后带着自己的身份证和学生证在"名校贷"办理了申请手续，并在工商银行办理了一张银行卡，这张卡虽然是在小芳的名下，但是却成为了小英的贷款取款专属卡，而小芳连卡号和密码都不知道。

小芳在"名校贷"上帮小英申请过贷款之后没多久，小英又来找小芳想让她帮自己办一个"优分期"。这次小芳犹豫了，而小英给出的理由是"我只借一百元，马上就能还上"。小芳听到小英这样说也就答应了。

让小芳没有想到的是，就在第二次申请完的当天她的手机就收到了来自银行的短信，短信内容提示之前办的那张工商银行卡有两笔款项进账，一笔是来自名校贷的一万三千元，一笔是来自优分期的两千五百元。这还只是个开始，在后面的几个月时间里，小芳陆续收到多条关于进账的消息，有的平台甚至是连她自己都不知道的。

3月中旬，小英的父母得知自己的女儿在网上贷款的事情，便从老家赶到了学校。小芳的父母因为担心女儿也赶到了学校。小英当着自己的家人和小芳及其家人的面承诺，一定会按时还款，并给小芳写下了保证书和欠条，同时还了名校贷借贷平台贷款的第一期、第二期。尽管小英已经承诺会按时还款并写下了欠条，但是那些催款单上的数字就像千斤重的石头一样压在小芳的心头，让她身心疲惫，压力山大。到目前为止还有三万多元的贷款没有还上，而这个数字对每个月只有一千元生活费的小英来说，距离还清欠款的日子还遥遥无期，两人的生活学习都受了十分严重的影响。

通过本案例可以看出，很多大学生是因为对自身身份信息安全保护意识低，导致自己被动卷入校园贷的"陷阱"中。但是校园贷不可能一刀切，完全暂停。想要有效地解决这些问题就需要我们每个人提高安全意识，积极应对，防止这种乱象的发生。

003

案例三：代办提额诈骗

小王是某大学大二的学生，一天在上网浏览网页的过程中，无意间刷到一则名为"代办提额"的广告，上面写着专业办理提额业务，专门为贷款额度不高的客户代刷信用、提高额度，并且上面还醒目地写着"无须缴纳任何保证金""需要缴纳保证金的都是骗子"等标题。小王觉得这则消息内容规范，而且还有好心提醒，所以通过上面的QQ号顺利进群并取得联系。对方告诉小王想要提升额度需要客户先在网络借贷平台上申请贷款，成功之后把自己的身份证号、贷款APP的登录密码、手机验证码等信息提供给他就能顺利代刷信用提高额度。

　　小王对此没有一点怀疑，然后就按其要求在某借贷 APP 上申请了贷款，成功之后就把自己的手机号、借贷 APP 的登录密码、身份证号、验证码发给了对方。几十分钟之后，小王才反应过来这是一起诈骗！便马上向贷款公司的客服打电话，要求冻结账户，才发现骗子利用自己提供的登陆密码、手机号、验证码等信息把自己在借贷平台预留的手机号换成了骗子的手机号，已经准备下单在网上买电子产品。

　　代办提额是一种常见的网上诈骗行为。骗子为了取得大家的信任，一般都会编造出各种神秘的、具有权威性的身份，比如"某贷款公司内部员工""某贷款平台的客服人员"等。有的骗子不仅会制作出清晰且精致的流程说明，而且还会"贴心"地提醒大家谨防上当受骗，甚至还会列举出来一些容易上当的欺诈手段，就如上文所说的"需要保证金的都是骗子"等。但是在实际的欺诈事件中这些所谓的好心提醒都没有任何实际意义，写上这些只是为了更好地让大家放松警惕而已。在受害者放下警戒心理时，慢慢相信骗子说的话，按照他说的话一步步执行。最后骗子就会提出要求，让受害者把自己的身份证号、手机号、借贷平台的登录密码等隐私信息透露给他，为的就是用受害者的身份成功登陆，然后下单购买昂贵的产品，然后诈骗过程就此完成。

　　在这起案例中，小王及时发现问题并冻结了账户，使得骗子的交易没有成功，因此也就没有受到损失。这只是众多案例中的一起，但是在以往的案例中有的骗子会在受害人醒悟过来之前就已经成功下单。最终受害人被骗几万元、十几万元甚至更多的情况都有。

　　一定要切记申请贷款时直接下载 APP，积累信用要通过正规渠道，比如多使用、按时足额还款等方式完成信用提额。关于提升额度的相关事宜应该直接向借贷机构的官方客服人员咨询，对于非正规的任何代办提额中介和个人都不能轻易相信，一定要记住个人的隐私信息不要向其他人泄露，一旦这些机构或者中介向自己要手机号、借贷平台 APP 登录密码、验证码等信息直接切断联系，因为这些一定是骗子行为。

现在，关于提升额度的骗局又出现了新的方式。有的同学会在银行申请信用卡，在信用良好的情况下银行会向信用卡持有者发送提额通知短信。于是就有骗子盯上了这种方式，冒充银行客服向持有信用卡的人发送提额短信并附上一个在线提额的链接。如果收到带有链接的短信一定不要点击，因为这样的链接往往是钓鱼网站或者木马病毒。

接下来就分析一下这种诈骗手法的步骤。

针对这种诈骗案件，骗子通常采用"三步走"方法：第一步就是冒充银行发送带有链接的诈骗短信，谎称可以提升你的信用卡额度。第二步就是当你点击链接按照网站上的要求填写个人信息时，这些信息就已经被骗子在后台获取了。第三步就是索要验证码。当你填完个人信息后，骗子同时已经全部获得了你的银行卡信息，然后就会假装是银行客服人员给你打电话，以"提额申请需要获得验证码验证资产"等为由骗取你的验证码。

除了发送诈骗短信以外，还有的骗子打着融资公司的旗号进行欺诈，还有的骗子称只要花钱就可以提升信用卡固定额度。对于这种骗局，我们一定要擦亮眼睛，遇到这种情况不要着急，三思而后行，防止自己掉入骗子设计好的"陷阱"。

004

案例四：暴力催款导致悲剧发生

◎ 校园贷发展至今，已经引发了很多恶性事件，新闻报道出来的只是其中的一部分，还有很多学生在我们看不见的地方忍受着校园贷的折磨。

暴力催款好像已经成为了不良校园贷的代名词，是摧毁一个完整家庭的"黑手"，能够让一个原本充满希望的家庭支离破碎。这些不幸是真实存在的，而且发生在充满活力与美好的大学校园中。防止这样的事情再次发生，需要社会各界的共同努力。以下案例的悲剧，就是暴力催收压死学生的最后一根稻草。

2017年放暑假之后吴同学回了老家长春，给家人留下一封遗书之后就失踪了。8月15日，吴同学被确认已经死亡。之后，吴同学的家人才发现他在多家网络借贷平台上进行贷款，而且在手机上还看到了多条威胁恐吓的短信。就在吴同学死亡之后，他的手机和家人的手机仍然收到多条催债信息。

吴同学在2017年8月6日写下了遗书，然后向家人称要返回学校，便离家了。根据吴同学家人的回忆，就在他离开家的当天下午家人便在他的房间里发现了留下的遗书，上面写道"自己一步错，步步错"，表示自己已经无法承受。家人马上拨打吴同学的电话，但电话那头总是传来"您拨打的电话暂时无法接通，请稍后再拨"。家人很是惊慌，立即报警。

就在吴同学手机收到催债信息的第二天，吴同学的父亲开始陆续收到十多条信息，内容也都是与追债有关的。其中一条信息内容为：账单今天两点前收不到全部还款，马上群发通讯录、学校贴吧，通知学校老师和辅导员，上传个人征信记录，后果严重，自己看着办！除了收到讨债信息外，吴同学的父亲还收了十几通追债电话。电话那头没有半点留情，声称吴同学借了高利贷，现在联系不上他，所以就向其家人追债。

8月8日，有人在河边发现了一具尸体。经过DNA验证，溺水身亡的人就是吴同学。将吴同学的手机恢复后发现，他关注了多个网络借贷平台的微信公众号。从2016年暑假开始，吴同学先从一家名为"速×借"的网络借贷平台上借了一千五百元，然后又从另外一家网络借贷平台借了三千元，一部分用来归还在"速×借"借的钱，一部分用于自己的消费。之后再从另外一家网络借贷平台上借出更多的钱来填补上次的欠款。从吴同学的手机中我们发现，他先后在"速×借""今×客""哈×米"等多个网络借贷平台上借款高达十几万元。

数据显示，我国现有的高校生近四千万人，根据之前支付宝在网上发布的高校生消费统计表，只要每个高校生每年有五千元的潜在消费需求，那么，校园贷的市场规模就大得令人惊叹了。然而，因为校园贷是新型行业，没有明确的监管制度，许多贷款机构良莠不齐，导致恶性事件频频爆出，让人谈之色变。一些不良贷款机构为了扩大市场，便使用各种手段诱惑学生"下水"。

从吴同学的聊天记录显示能够看出，这些网络借贷平台利用低息吸引同学们贷款，贷款后，则会收取高昂的"账户管理费"。以"今×客"平台为例，吴同学在2017年7月31日从平台上借了1100元，约定的还款日是2017年8月7日，该平台计算的利息被称为"息费"，只有5元钱，但是在申请的1100元的借款条款中还列出了"快速信审费100元""账户管理费395元"。

催款时利用各种威胁、恐吓的手段，不良校园网络借贷平台中更是见怪不怪。吴同学的手机里就有好几条具有威胁性质的信息和视频。其中有一段视频上面的标题显示为"山东催收团队"，视频内容是多名赤裸着上身的壮汉正在殴打几名抱头蹲在地上的青年。

从吴同学手机中恢复的追债视频中了解，类似于"今×客""青春×贷"等贷款平台在学生中传播很广，很多大学生都关注了相关的微信公众号。这些微信公众号一般发布一些有吸引力的广告，鼓动学生消费，让学生介绍同学借款，并表示会给介绍的同学一部分回扣，前提条件是自己要先在平台上有贷款。有的学生禁不住回扣的诱惑，就会想着反正我借了钱按时还，然后便介绍更多同学贷款还能赚零用钱，也算是一份兼职工作了。于是就有学生被校园借贷平台的圈套给套住了。

2017年8月1日，名为"木木贝"的网友在社区论坛发帖，称"来宾大学生在校园借贷平台上借款一千变二十万遭黑社会绑架"。

更让人震惊的是有关裸条贷的事件。2016年，"借贷宝"的10G裸条和视频外泄的事件在社会上引起了热议，"借贷宝"更是悬赏一百万元来寻找外泄的源头，至此校园贷背后的灰色交易才慢慢浮出水面。一时间各大媒体不断披露关于"裸贷"这一频发于大学生与不良借贷平台之间的"钱色交易"各类报道。

当然"裸贷"催收更加让人气愤。女孩为了保护自己的声誉，会尽全力按时偿还贷款。但是据知情人士透露，不管学生是否按时将全部贷款偿还，最终照片都会外泄出去。而且有的非法组织更是衍生出了"肉偿还款"的盈利链条，导致心理承受弱的女生经受不住这样的威逼和恐吓，一步步走向悬崖，最终发生悲剧。

005

案例五：误入传销贷

 在长春某公安局的问询室中，二十二岁的郑同学在记者的面前掉下了眼泪。他因为涉嫌参与一起"不良校园贷"诈骗案，被长春市公安局抓捕，正处于取保候审阶段。

郑同学面对记者说道："现在回想起自己之前的两个月只能用'疯狂'来形容，简直是飘飘然，兴奋得找不到北。"对此，郑同学追悔莫及。

事情的开端还要从去年的 6 月份讲起。一天他在朋友圈看到一则消息称"办理大学生贷款我们是专业的，渠道我们是正规的，最快可在 48 小时以内拨款，缺钱的同学请抓紧时间加入下面的软件……有惊喜……"。然而，加入成功后等待他的所谓的"惊喜"，就是一个怎么填都填不完的无底洞。

当时，郑同学通过社交软件与同校的大三学生王同学取得了联系，对方告诉郑同学只要你提供身份证号、手机号和辅导员的联系电话就可以在 48 小时之内获得两千元的贷款。王同学还说，他们主要是通过"名校贷""优分期"这两个平台拿钱的，而且内部有自己人，可以屏蔽信息，拿到钱之后不用还款。"第一次听说贷款不用还钱的好事。"郑同学还有些犹豫。

但在他经历了几天的思想斗争之后，决定赌一把。然后在王同学的指引下很快在"名校贷"和"优分期"两个校园借贷平台上注册成功并且申请了两笔贷款。48 小时之后，郑同学的账户果然一下子出现了一笔大数目：两万元。

按照两人的约定，郑同学自己留下两千元，剩下的一万八千元转给了王同学。郑同学一开始心里很不踏实，几天之后郑同学重新在两个校园借贷平台上登陆自己的账号，网站首页显示出"该账户不存在"，因此郑同学心里的石头终于放下了，觉得王同学没有骗自己，校园贷平台的信息真的可以被屏蔽，就更加相信王同学说的话了。

郑同学说："之后王同学就跟我说，如果我愿意的话，可以当他的代理人，只要发展一个同学，就可以得到一千元的提成。"郑同学抱着"有钱大家一起赚"的想法，不仅答应了王同学的请求，还把这条"生财之道"分享给了自己的高中朋友。一开始朋友们听到"贷款不用还"的说法肯定持怀疑的态度，为了打消他们的疑虑，郑同学都会跟他们说："我也办了，没有问题。"从此之后郑同学的"生财之道"迅速蔓延，一发不可收拾。在短短的两个月之内，就发展了二十多个下线，然后下线再继续发展下线，按照逐层提成的方式，郑同学从中获利五万多元。

其实，王同学的遭遇与郑同学的遭遇一样，也是被别人推荐入伙的。王同学在这条"生财之道"上更称得上是野蛮生长，发展的下线有五十多名，从中获得了九万多元。2016年9月份王同学因为业绩突出还在该项目的全国总代理的介绍下见到了"幕后老板"。郑同学这样描述："他当时真觉得自己遇到了生命中的'贵人'，而且王同学还跟我说，那位幕后老板当场给了他一辆价值十几万元的汽车作为奖励，并鼓励他说继续好好干，以后还有更多赚钱的方法。我当时就觉得自己这是在创业，哪儿能想到这是'诈骗'啊。"

"9月的最后几天，我接二连三地接到贷款公司打来的催款电话。"郑同学才突然意识到，这场"贷款游戏"很有可能是一场骗局。他马上打电话联系王同学，他表示自己也接到了同样的催款电话。不久之后，他们发展的下线都纷纷找上门来，两人抵不住压力，最终选择了报警。

派出所所长表示："越是深入调查，案情就越是震惊，涉及的范围越广。"就目前调查来看，这起案件已经涉及了一百五十多名在校学生，扩展到了东北三省、重庆等十二个城市。经过警方的不懈侦查，长春警方于2016年12月将两名主犯全部抓获。

根据警方介绍，这样的诈骗方式就是首先获得大学生的个人身份信息，等到他们在平台上申请的贷款下来之后，便用学生的身份信息在校园网络借贷平台上把他们的用户名一改，学生就无法再次登录了。因此学生就会对"屏蔽贷款信息"的这种说法深信不疑。

长春市公安局某机动治安大队针对此案件说明"这是一起借助'校园贷'平台，利用传销方式进行大规模逐级敛财的诈骗案件。以往的'校园贷'案件大部分都是涉及经济纠纷，像这样利用学生进行诈骗的方式还是十分罕见的"。

警方负责人说道："为了找到完整的证据链，我们跑遍了北京、上海、山东等多个城市，也造访了'名校贷''优分期'等多个贷款机构。因为嫌疑人是利用传销的模式，涉及的范围广，而且内部层级复杂，甚至有的涉及十多层。"而且警方只是掌握了一百五十多名学生的证据，还有在传销链底端的学生很难找到。据调查，这些学生在校园网络借贷平台上"挣的钱"大部分已经被嫌疑人挥霍，很难追回；还有的大学生为了能还上贷款，继续采用诈骗的方式，利用他人的贷款来还自己的贷款。

我们要谨记"天下没有免费的午餐"，不管在哪儿借钱肯定都是需要还的，不要存有侥幸心理，当发现自己深陷骗局的时候要及时报警，配合警察尽快抓捕主犯，才能将自身损失降到最小，防止有更多的受害人被卷入骗局。

006

案例六：诱使学生借新债还旧债

重庆某大学生李某打算做微商，因为手头资金紧张，于是通过网络借贷平台借款三千元作为微商启动金，结果反被套路。不仅只到手了两千元，而且还不得不向多个平台反反复复进行借贷，前后欠下了十万余元。

近期，全国发生了多起"套路贷"案件，这种类型的案件具有隐蔽性强的特点，而且总有层出不穷的新花招诱使学生，这一新型团伙作案的经济犯罪行为在社会上引起了大众的关注。值得我们注意的是，这一形式的套路贷不同于高利贷，"套路贷"在本质上属于违法行为，不管是借款的本金还是利息都不受法律保护。这位重庆的大学生到底是怎么被不良校园贷套路，从三千元滚到十万余元的欠债的？让我们一探究竟。

李某通过网络向一家贷款公司借款，按照签订的合同，借款是三千元，还款期限最晚是一个月。然而，在签订合同之后贷款公司却只给了两千元，而且要求李某一周之内将全部借款还清，要求还三千元。李某无可奈何，一周的时间还三千元肯定还不清啊。

没过几天贷款公司就一直给李某打电话、发信息，让李某抓紧时间还款，他们见李某无法在规定时间内还款，就"好心"提出了"借新债还旧债"，让她从另外的贷款公司借款来还清这笔欠款。就这样，李某轻信了对方的话，先后在十几个借贷平台和贷款公司贷款。就这样不仅之前的债务没有还清，反而却累积了更多的债务，最后高达十万余元。

李某欠的债越来越多，贷款公司催收的方式也变本加厉，越来越粗暴。不仅一直向李某发催款短信威胁、恐吓，还向李某的家人和朋友打电话、发短信威胁、恐吓。李某经受不住贷款方的威逼压力，只好向警方求助。随着警方的介入，一步步侦查，调查出这是一个主要针对在校大学生、以贷款的名义进行诈骗的巨大犯罪团伙。

经过警察的深入调查，重庆警方最终将犯罪嫌疑人绳之以法。经过多次审查，该团伙主要嫌疑人彭某和张某主要分布在湖南、四川、广州等地进行诈骗，他们以经营的金融、科技公司为保护壳，主要针对在校大学生进行网络借贷。他们首先通过签订合同获得受害人的个人信息，在签订合同之后就会肆意认定对方违约，使受害人的债务逐渐增加，然后又通过曝光隐私、诋毁名誉等威胁手段进行暴力催收，从而获得巨额钱财。

重庆检方对他们的犯罪手法进行了解读，同时提醒广大学生要加强警惕性。通常的犯罪手法有三个步骤。

第一步就是通过各种宣传方式吸引借贷人。他们通过在微信群、QQ群、微博等社交软件上发布各种诱人的广告，通过这些广告很多借贷人就会自己找上门来，这部分借款人的主体就是在校大学生。

当与借款人取得联系之后，就会让他们填写各种资料，主要包括借款人的个人身份信息、还款能力、亲朋好友的联系方式。但假如借款人借两千元，实际到手的可能就只有一千三百元左右，周息30%，如果借款人能够接受就会商定还款期限，一般都是七天时间，如果逾期，逾期费每天就高达五百元。

第二步就是签订的合同与实际执行的合同内容不同。如果借款人同意贷款公司的条件，他们就会让借款人在借贷平台上填写借款合同，那份合同上写的利息是2%，没有办法进行改动，而且上面也不会写逾期费等其他费用。签订合同之后，他们就会将贷款打给借款人的账户，还不忘提醒他们到期按时还款。

为什么签订的合同和实际执行的合同内容不同，在签订的合同中却没有体现实际执行的合同内容？警方了解到，合同上写的内容都是符合民间借贷规定的，而实际执行的合同内容是不合法的。这样在贷款公司追债的过程中就可以拿着这份合法的合同去起诉没有还钱的借款人，而且还可以将合法的合同展示给亲友看，能够让他们帮借贷人还款。

第三个步骤就是借贷人逾期没有还款"以贷还贷"。如果借款到期的时候借款人仍然无法还钱，他们就会向借款人推荐其他的"贷款公司"，让他们通过再次贷款来还债。假如借款人不接受他们的推荐，他们就会让借款人向家长或者朋友去借钱。因为学生没有社会经验，只要他们拒绝还款的话，"贷款公司"就会以威胁的方式催款，并向老师、家长发起"电话轰炸"模式，给学生造成巨大的心理压力。另一方面学生对自己声誉还是比较重视的，所以最后都会乖乖还钱。

我们需要明白的就是，像这样的"套路贷"不同于我们平时所认知的高利贷，借款本金和利息是不受法律保护的。因为高利贷的目的是想通过借款人按时归还本金并支付高额的利息从中获取高额收益。而这样的套路手段是贷款人以借给受害人款项为借口非法占有他人的财产，性质恶劣。

而且在签订合同的时候，高利贷虚增的数额往往都是以利息的名目出现，而"套路贷"虚增的数额一般都是以担保或者类似的名目设定的。另外就是"套路贷"在签订合同的时候借款人认为只要按时还款，虚增的数额就不用归还。因此，借款人会在主观上认为这些虚增的数额是不需要归还的。而高利贷的借款人在签订合同的时候就会被告知本金以外的高额利息是必须归还的，而且在合同中也会明确规定。

而且这两者之间，出借人对待借款人"违约"的态度也不同。"套路贷"为了达到可以占有虚增数额的部分，通常会采用拒接电话、"失踪"等方法，让借款人在规定的时间内无法按时还款不得不"违约"，而高利贷的出借人则往往希望借款人在规定时间内按时将本金和利息还清。

　　而且从侵害客体方面看，"套路贷"的侵害客体多、社会危害大。从一开始他们的诱骗到后面的暴力催款、虚假诉讼，这一过程不仅侵害了被害人的财产权、人身权，还破坏了社会公共秩序、金融管理秩序，进行的虚假诉讼甚至还在挑战司法的权威，严重妨碍司法公正。而高利贷主要是破坏了金融管理秩序。因此，一旦发现自己陷入这样的"套路贷"陷阱中，要马上寻求警察的帮助。

007

案例七：手机回租贷

　　◎ 近几年来，随着国家金融监管部门对校园贷的严厉打击和对校园贷行业乱象的整治，危害校园的不良校园贷终于逐渐消失在大家的视野中。但是仍然有很多不法分子对大学生这个特殊的群体"恋恋不舍"，所以，一种所谓的"手机回租贷"开始在校园里悄然兴起。那么什么是手机回租贷呢？

　　"回租贷"的存在是为了逃避监管部门的法眼，是部分网络借贷平台"现金贷"的变身，名义上是租赁，实质是借贷。比起社会上的申请者，这样"挂狗头卖羊肉"的网络借贷平台更喜欢没有什么社会经验的大学生用户。因为大学生提供的信息都很准确，到时催债的话，迫于压力，学生都会把钱还上。逾期之后，有些贷款公司还会到学校去堵人、恐吓甚至是殴打。

　　"手机回租贷"的主要运作模式有四个步骤。第一步，用户（学生）把自己的手机"卖"给网络借贷平台，但是手机的所有权和使用权并没有发生变化，仍然属于用户（学生）所有；第二步，平台会对用户"卖"的手机"评估"价格，在这个过程中，平台会要求学生填写一份个人信息资料，其中包括身份证信息、银行卡信息、紧急联系人等借贷的相关数据；第三步，平台放款，学生实际到手的借款并没有约定的多，因为他们会从中扣除一部分所谓的"服务费"、"租赁费"或者"评估费"，而且这些款项都是私底下收取的，无证据明示，钻了法律的"空子"；第四步，手机"回租"，实际上手机的所有权没有转让。借贷平台是以手机"回租"的方式，与学生签订租用期限（即借款期限）和到期回购价格（即还款金额）。在这段时间内，平台会要求学生提供手机账户信息，以便于远程掌握手机储存信息。借贷平台通过类似这种的手机"回租"模式变相地向大学生提供具有高利息的"现金贷"，最终使学生陷入"高利贷""套路贷"的陷阱。

接下来给大家讲一个案例。

刘某是一名在校的大四学生，因为看见身边的同学都换上了新手机，为了满足自己的虚荣心，他也想给自己换一部新手机。但是因为平时花钱都是大手大脚的，身上并没有闲钱，就向朋友借钱换了一部新手机。过了有一段时间，朋友着急用钱，刘某没办法，就只好找到了一家手机回租平台，把自己的手机"抵押"给他们，"评估"的价格是两千元，借款期限七天，并按照平台的要求提供了自己手机的ID密码，最后借款收到了，合同上写的是两千元借款金额，但是实际到刘某手上却只有一千元，另外的四百元以所谓的"手续费"被平台扣除。

很快七天过去了，到了还款的日期，刘某没有能力如期还款。平台就告诉刘某，只要缴纳续期手续费，就可以继续使用这一千六百元。就这样，刘某不断地续期，不断地通过向新平台借款还旧平台的钱，一直恶性循环。就这样，之前本来借的一千六百元，像滚雪球一样越滚越大，最后竟翻滚成了一万元的债务，对于刘某来说根本无力偿还。被迫逾期之后，平台根据之前的ID密码获取了他的通讯录信息，不断打电话和发信息骚扰刘某的家人和朋友，最后迫于无奈，只好让父母帮他还清了所有欠款。

通过本案例我们可以大概了解到，所谓的"手机回租贷"，就是通过评估借款人的手机价格，然后把手机"抵押"给平台从而获得借款。但是实际上借款人获得的借款与手机的评估价格之间并没有什么关系，一般评估过后平台给出的借款金额都是在两千至四千元，借款期限一般也都是以周为单位的。然而在放款时平台都会收取一定的手续费、服务费或者评估费，以这样的模式就是变相地向大学生发放高利息的"现金贷"。因为有租赁这个环节为这些不法分子放高利贷的行为作掩护，就钻了法律的空子。也正是因为这样，"手机回租贷"的坏账率极高，平台为了保证赚钱，就会收取各种名目费用，通常这些费用都非常惊人，利息比现金贷还高。一旦借款人无力偿还，这些平台就会用极端的方式催收，恐吓、威胁更是不在话下，逼借款人还款。

为防止"手机回租贷"再次发生，全国学生资助管理中心发出了三项提醒。

第一就是要提高警惕。学生应该多了解熟悉相关的金融知识，理性分析贷款的实际利率标准，不要总认为天上会掉馅饼，心存侥幸，盲目相信平台的话。在金融服务消费等各种活动中要时刻关注合同的相关条款，认真阅读之后再签订，不要因为一时贪图"小便宜"，而放松警惕，提高自己对不良校园贷业务以及变种业务的甄别能力和抵制能力。同时也不要忘记提醒自己身边的同学和朋友，不要上了网络借贷的当。

第二就是要学会控制自己的消费习惯，理性消费。就算到了大学，学习任务没有那么重，但是我们的主要任务依然是学习，然后才可以参加课外活动丰富自己的业余生活。要养成自强自立、文明健康的消费生活习惯，不贪图享乐，能够合理安排自己的财物支出，做到量入为出，科学消费，理性消费。

第三是知法用法。因为大学生法律知识薄弱，有些不法分子就利用学生的单纯和不懂法实行欺骗手段。学生应该加强法律法规方面的学习，时刻紧绷自我保护这根弦，保护好自己的个人身份信息和隐私，如果有交易应该注意留存相关凭证。当合法权益受到损害时，应该第一时间和同学、老师、家长商量，运用法律的武器保护自己。

同时，全国学生资助管理中心提醒广大的大学学生工作者和资助工作者，在保护学生隐私的前提下，采取各种方法手段，密切关注和关心在校大学生的大额经济支出，经常在学校向学生宣讲不良校园贷的各种变种的形式和危害。对于学生不正常的经济往来，应该及时作出提醒，避免自控能力差的学生落入陷阱不能自拔，进而阻止小问题酿成大错误。